駒井忠之

matsuyoi

待宵の水平社宣言

解放出版社

全国水平社の創立者たち（左から平野小剣、米田富、南梅吉、駒井喜作、阪本清一郎、西光万吉、桜田規矩三）

荊冠旗（全国水平社総本部）

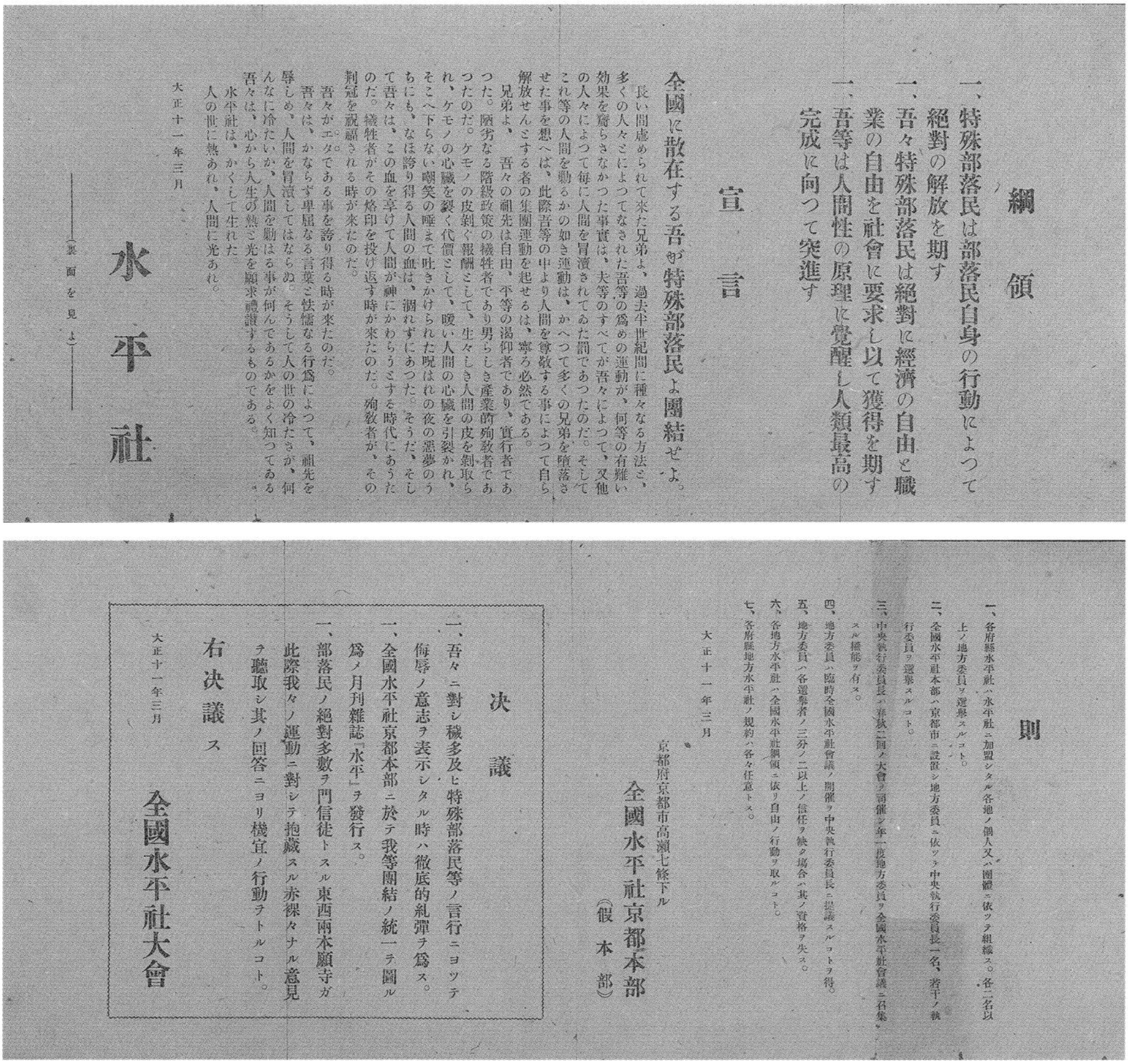

綱領

一、特殊部落民は部落民自身の行動によつて絶對の解放を期す

一、吾々特殊部落民は絶對に經濟の自由と職業の自由を社會に要求し以て獲得を期す

一、吾等は人間性の原理に覺醒し人類最高の完成に向つて突進す

宣言

全國に散在する吾が特殊部落民よ團結せよ。

長い間虐められて來た兄弟よ、過去半世紀間に種々なる方法と、多くの人々とによつてなされた吾等の爲めの運動が、何等の有難い効果を齎らさなかつた事實は、夫等のすべてが吾々によつて、又他の人々によつて毎に人間を冒瀆されてゐた罰であつたのだ。そしてこれ等の人間を勦るかの如き運動は、かへつて多くの兄弟を墮落させた事を想へば、此際吾等の中より人間を尊敬する事によつて自ら解放せんとする者の集團運動を起せるは、寧ろ必然である。

兄弟よ、吾々の祖先は自由、平等の渇仰者であり、實行者であつた。陋劣なる階級政策の犧牲者であり男らしき産業的殉敎者であつたのだ。ケモノの皮剝ぐ報酬として、生々しき人間の皮を剝取られ、ケモノの心臟を裂く代價として、暖い人間の心臟を引裂かれ、そこへ下らない嘲笑の唾まで吐きかけられた呪はれの夜の惡夢のうちにも、なほ誇り得る人間の血は、涸れずにあつた。そうだ、そして吾々は、この血を享けて人間が神にかわらうとする時代にあうたのだ。犧牲者がその烙印を投げ返す時が來たのだ。殉敎者が、その荊冠を祝福される時が來たのだ。

吾々がエタである事を誇り得る時が來たのだ。

吾々は、かならず卑屈なる言葉と怯懦なる行爲によつて、祖先を辱しめ、人間を冒瀆してはならぬ。そうして人の世の冷たさが、何んなに冷たいか、人間を勦はる事が何んであるかをよく知つてゐる吾々は、心から人生の熱と光を願求禮讃するものである。

水平社は、かくして生れた。

人の世に熱あれ、人間に光あれ。

大正十一年三月

水平社

（裏面を見よ）

則

一、各府縣水平社ハ水平社ニ加盟シタル各地ノ個人又ハ團體ニ依ツテ組織ス。各二名以上ノ地方委員ヲ選擧スルコト。

二、全國水平社本部ハ京都市ニ設置シ地方委員ニ依ツテ中央執行委員長一名、若干ノ執行委員ヲ選擧スルコト。

三、中央執行委員長ハ春秋二回ノ大會ヲ開催シ年一度地方委員ヲ全國水平社會議ニ召集スル權能ヲ有ス。

四、地方委員ハ臨時全國水平社會議ノ開催ヲ中央執行委員長ニ提議スルコトヲ得。

五、地方委員ハ各選擧者ノ三分ノ二以上ノ信任ヲ缺ク場合ハ其ノ資格ヲ失ス。

六、各地方水平社ハ全國水平社綱領ニ依リ自由ノ行動ヲ取ルコト。

七、各府縣地方水平社ノ規約ハ各々任意トス。

大正十一年三月

京都府京都市高瀨七條下ル

全國水平社京都本部

（假本部）

決議

一、吾々ニ對シ穢多及ヒ特殊部落民等ノ言行ニヨツテ侮辱ノ意志ヲ表示シタル時ハ徹底的糺彈ヲ爲ス。

一、全國水平社京都本部ニ於テ我等團結ノ統一ヲ圖ル爲メ月刊雜誌『水平』ヲ發行ス。

一、部落民ノ絶對多數ヲ門信徒トスル東西兩本願寺ガ此際我々ノ運動ニ對シテ抱藏スル赤裸々ナル意見ヲ聽取シ其ノ回答ニヨリ機宜ノ行動ヲトルコト。

右決議ス

大正十一年三月

全國水平社大會

全国水平社創立大会で採択された「綱領」「宣言」「則」「決議」（1922年）

創立大会が開催された京都市公会堂

はじめに

「人の世に熱あれ、人間に光あれ」。

これは日本で初めての「人権宣言」と言われる水平社宣言の結びの一文です。水平社宣言をご存じの方はもちろん、いま初めてこのフレーズを耳にした人も、なにかほわほわとした心持ちになったり、共感を覚えたり、あるいは希望を感じたり、心を揺り動かされる不思議な魅力を感じるのではないでしょうか。

全国水平社は、現在の奈良県御所《ごせ》市柏原《かしはら》で生まれ育った青年たちが中心となり、一九二二年三月三日に京都市公会堂で創立されました。創立大会で全国水平社は、「人間を尊敬する事によつて自ら解放せん」と宣言し、人間の尊厳と平等、部落解放の実現を求めて運動を展開しました。

崇高な理念が掲げられた水平社宣言は、句読点を含めて六五五文字という短い文章ですが、冒頭のフレーズも含めて、個人それぞれの想像力に解釈が委ねられるそんな表現が含まれています。水平社宣言の解釈が無限に広がるこの可能性が、人びとを魅了してやまないのかも知れません。ただ逆に言うとそれは、どう解釈すべきなのか困ってしまう表現が含まれているということでもあります。「人の世に熱あれ、人間に光あれ」はもとより、創立者たちが水平社宣言に込めた思いや願い、あるいは人間の尊厳を求めるうえで描いていた確固とした世界観が水平社宣言にはきっとあるはずです。水平社宣言に込められた真意を読み解くことができれば、全国水平社の創立理念はもっと人びとの心を惹《ひ》きつけると思います。

そこで本書では、水平社宣言を私なりに読み解くことに挑戦したいと思います。

とは言うものの、創立者たちは水平社宣言の行間、あるいは言葉ひとつひとつに膨大な量の情報を詰め込んでいますので、私の力量でそれを処理し、その世界観を描く作業は、まるで一筋縄ではいかない複雑な謎解きに挑みながら巨大なジグソーパズルを完成させるようなもので、仏教やキリスト教の思想を融合させて創立者たちが描く異次元の壮大な物語に圧倒されてしまいました。

何から手を着けていいのかさえわからない謎解きの手がかりとなったのは、水平社創立趣意書『よき日の為めに』でした。そこには差別に苦悩する者たちに光をもたらす「ルシファー」なる存在が登場し、「起きて見ろ――夜明けだ」などと呼びかけます。「ルシファー」は、明け方の東の空に輝く金星のことで、それが明けの明星《みょうじょう》ということなのですが、釈迦《しゃか》は明けの明星が輝く夜明けに、菩提樹《ぼだいじゅ》の下で「さとり」を開いたと言います。「さとり」を開くとは、まよいを脱して「真理」を会得することを言うようです。全国水平社の創立大会で採択された綱領には、「吾等は人間性の原理に覚醒し人類最高の完成に向つて突進す」とあり、「覚醒」にも、目がさめること、迷いからさめること、という意味があります。ここに謎を解くヒントがあるような予感がしたのです。

私の力量不足から、同じ文章を引用したり、同じことを繰り返して言ったりしてしまいますが、巨大なパズルを完成させるために必要なことと目を瞑《つぶ》っていただき、許容を超えた際には〝くどい〟などと心の中でツッコミをいれながら、あたたかく寛容な心で謎解きにおつきあいください。

とその前に、パズルを完成させる基本はまず外枠から組み始めることです。それと同じく、本書を読み進める前に、巻頭口絵もしくは二六ページから三三ページにある全国水平社創立大会で採択された「綱領」

「宣言」「則」「決議」、資料編にある『よき日の為めに』「荊の冠り」「人間は尊敬す可きものだ」に目を通されることをお勧めします。少し時間がかかり、煩わしく思われるかも知れませんが、これらの文章には水平社宣言を読み解く上で重要な内容が含まれています。つまり、謎解きの鍵となる文章です。ぜひお読みいただいてから本編にお進みください。

なお、本文において「部落」とあるのは「被差別部落」を意味します。「全国水平社」や「水平社」の表記については、水平社宣言を引用する場合は「水平社」、『よき日の為めに』を引用する場合は「水平社創立発起者」などとしています。また、敬称については省略しています。

駒井忠之

待宵の水平社宣言　目次

III 水平社宣言の熱と光

I　水平社宣言への道

1　水平社宣言の起草と添削

水平社の創立者たち

スタイリッシュにスーツを着こなし、精悍《せいかん》な顔つきで写真に納まる七人の青年がいます（巻頭口絵参照）。水平社博物館に保存されているこの写真は、一九二二年三月三日の全国水平社創立大会の時に撮影されたものと思われます。そこには創立の中心となった阪本清一郎《さかもとせいいちろう》（一八九二―一九八七年）、西光万吉《さいこうまんきち》（一八九五―一九七〇年）、駒井喜作《こまいきさく》（一八九七―一九四五年）、米田富《よねだとみ》（一九〇一―一九八八年）、南梅吉《みなみうめきち》（一八七七―一九四七年）、平野小剣《ひらのしょうけん》（一八九一―一九四〇年）、桜田規矩三《さくらだきくぞう》（一八九六―一九六三年）が写っています。

まずはそれぞれの人物を写真左から簡単に紹介しておきましょう。

一番左の方が平野小剣で、本名は平野重吉と言います。平野は福島県の出身です。主に東京で活動していた方で、水平社宣言や綱領の作成にも重要な役割を果たしています。その右が米田富で、本名は千崎富一郎です。米田は奈良県の出身で、全国水平社創立大会で決議を朗読しています。そして次が、南梅吉です。この方は滋賀県の出身で、後に京都で活動しています。全国水平社の創立大会では座長を務め、大会終了後に開催された夜の協議会で初代中央執行委員長に選任されています。次が駒井喜作です。駒井は、水平社博物館が建っている現在の奈良県御所《ごせ》市柏原《かしはら》の出身で、創立大会で水平社宣言を読み上げました。写真を見ますと、他の方に比べて背も高く、体格が良いことがわかります。演歌師をやっていたので、大きな会場でも声が奥まで届くだろうということで大役を任されたのでしょう。それから、同じく御所市柏原で生まれ育った阪本清一郎です。阪本は非常に重要な人物で、この方の存在がなければ全国水平社は創立されていなかったと言っても過言ではないでしょう。次が同じく御所市柏原出身の西光万吉で、本名は清原《きよはら》一隆《かずたか》と言います。西光は水平社宣言の起草者で、最初の文案を作ったのが西光ということになります。一番右が京都の活動家で、桜田規矩三です。桜田は創立大会で、綱領を読み上げて提案しています。

西光の起草、平野の添削

先ほど、平野が水平社宣言や綱領に非常に重要な役割を果たしたと紹介しました。宣言と綱領の作成について平野は次のように証言しています。

京都駅前、宮本旅館の二階に創立準備の人々が集まつた。西光万吉、阪本清作《(ママ)》（清一郎…筆者注）、米田富、駒井喜作、桜田規矩三、南梅吉の諸兄と俺とであつた。／二月二十六日夜、綱領、宣言、決議、規約の協議をした。綱領の第一、第二は俺が東京にて考へたそのままを承認してくれた。第三は阪本君の案だと思つてゐる。宣言は西光君が、筆をとつた。決議も皆で決定したが、規約は、当時不必要だと云ふ人が多かつたほどそれほど相互の心が密着し、そしてアナキイ的思想が濃厚に創立者の人々を動かしてゐた。が兎に角簡単なものをつくることにしたのであつた。

（平野小剣「水平運動に走るまで」『同愛』三五号、一九二六年六月）

どうやら綱領の第一項と第二項は平野の考案したものがそのまま採用されたようです。綱領の第三項は阪本清一郎の発案だったと、平野の記憶には残っているようです。宣言について平野は、「西光君が、筆をとつた」と振り返っていますが、このことについて西光は戦後になって次のように証言しています。

水平社を創立するについて、もとより大会宣言がいりますから、その宣言をつくるについて私は気になって前から幾度も書いたり消したりして居ました。それで、当時平野さんに大添削をしていただいても、それ程に思わず忘れてしまったのでしょう。／まったく、あの頃の私たちは宣言といえばすぐに「万国の労働者よ団結せよ」が口に出そうでした。「人間はいたわるべきでなく、うやまうべきものだ」というのも、ゴーリキイの「夜の宿」か何かにあったと思います。宗教的な「受難殉教」もあの場合には誂え向きです。しかし「願求礼讃」に至っては、ナムアミダブツも出そうです。／ですから、平野様がそれほど添削して下さったことも忘れて、自分だけで書いたように思いこんでいました。平野様と皆様にお詫び申上げます。生きているうちにお詫びできてよかったと喜んでいます。／（昭和四二年春分の日に）

（西光万吉「「水平社宣言」について」『部落』第二一六号、一九六七年五月）

水平社宣言の作成にあたって西光は、「平野さんに大添削をしていただい」たと証言しています。「大添削」ですから、少々の添削ではなく、かなりの加筆、修正があったと想像できます。水平社創立前の一九二一年二月に東京の築地本願寺で開催された第二回同情融和大会で、平野が「民族自決団」を名乗り、「独創と創造力を有する我が民族に檄す」と呼びかけたその「檄《げき》」には、水平社宣言にも通じる文言や表現が確認できます。その「檄」がこれです。

檄

独創と創造力を有する我が民族に檄す。

我等民族の祖先は尤も大なる自由と平等の渇仰者であつて、又実行者であつた。そして尤も偉大なる殉道者であつた。我等はその祖先の血を享けた民族である。

今や世界の大勢は民族自決の暁鐘を乱打しつゝあり。我等は茲に蹶然起つて封建的社会組織の専制治下より我々民族の絶対的「力」に俟つて我が民族の解放を企図しなければならぬ絶好時機である。我が民族は最高の人間である。そして尤も大なる良心を有する民族である。然るに封建的因習と陋習のブロジャー道徳を猶ほ固守する民族等は我が民族を目して「賤劣なる人非人」「下劣なる動物的卑民」と呼称し、依然として障墻を設け、人種的階級の差別を付し、甚だしき社会的虐待をなしつゝあるなり。

彼等は彼等の祖先時代より幾世紀の長き年月、我々民族を屈服せしめ、征服し来るなり。今に至りて尚ほ屈従と虐従とを強ひつゝあるのである。我が民族は唯々諾々として猶ほ従ふべきか、黙するを可なるか、鞭打ちその膝下に跪坐し因果律として忍ぶべきか耐えるべきか。

我等は我等祖先と共に、幾百年来忍びに忍んで来た。耐えに耐え来た。モ早や堪ゆるに堪えられず、忍ぶに耐えられざるではないか。我々民族は「我々民族の力を信ぜよ」その報復する秋が来たりしを覚れ。解放を迫る秋を看過するなかれ。

我が民族は他動的又は受動的に慈恵と憐愍とに依つて解放を希ふは我々祖先に対する「最大の罪悪である」。我々は外皮のみの融和を求むることを止めよ。亦た开に甘んずることを相互に戒め合はなければならぬ。我々は我が民族の絶対的「力」にて自動的に我が祖先の霊を慰めんが為め共通なる目標に向つて猪突的に前進せよ。

我々の黙す秋は去れり。幾百年来の革新を期する秋は来れり。幾世紀来の社会的鉄鎖と桎梏より脱せんとする秋は今なり。

全国に散在する我が兄弟姉妹等よ。大同団結を図り幾百年来の虐待と虐称より解放を期して自由、平等の新社会の建設に努力せよ。

民族自決団

「全国に散在する我が兄弟姉妹等よ。大同団結を図り」や、「我等民族の祖先は尤も大なる自由と平等の渇仰者であつて、又実行者であつた。そして尤も偉大なる殉道者であつた。我等はその祖先の血を享けた民族である」と、水平社宣言とよく似た表現が使われています。平野が水平社宣言を添削したことについてはこれまでも言われてきましたが、「檄」のこうした表現から考えると、平野が添削したことにも納得がいきます。

また、この「檄」でもうひとつ注目されるのは、水平社宣言の添削者である平野が「兄弟姉妹」と表現している点です。水平社宣言は「兄弟よ」と呼びかけられていましたが、平野はこの「檄」においても「兄弟姉妹」と呼びかけています。この「兄弟よ」という呼びかけも興味深い表現ですので、これについては後述することにします。

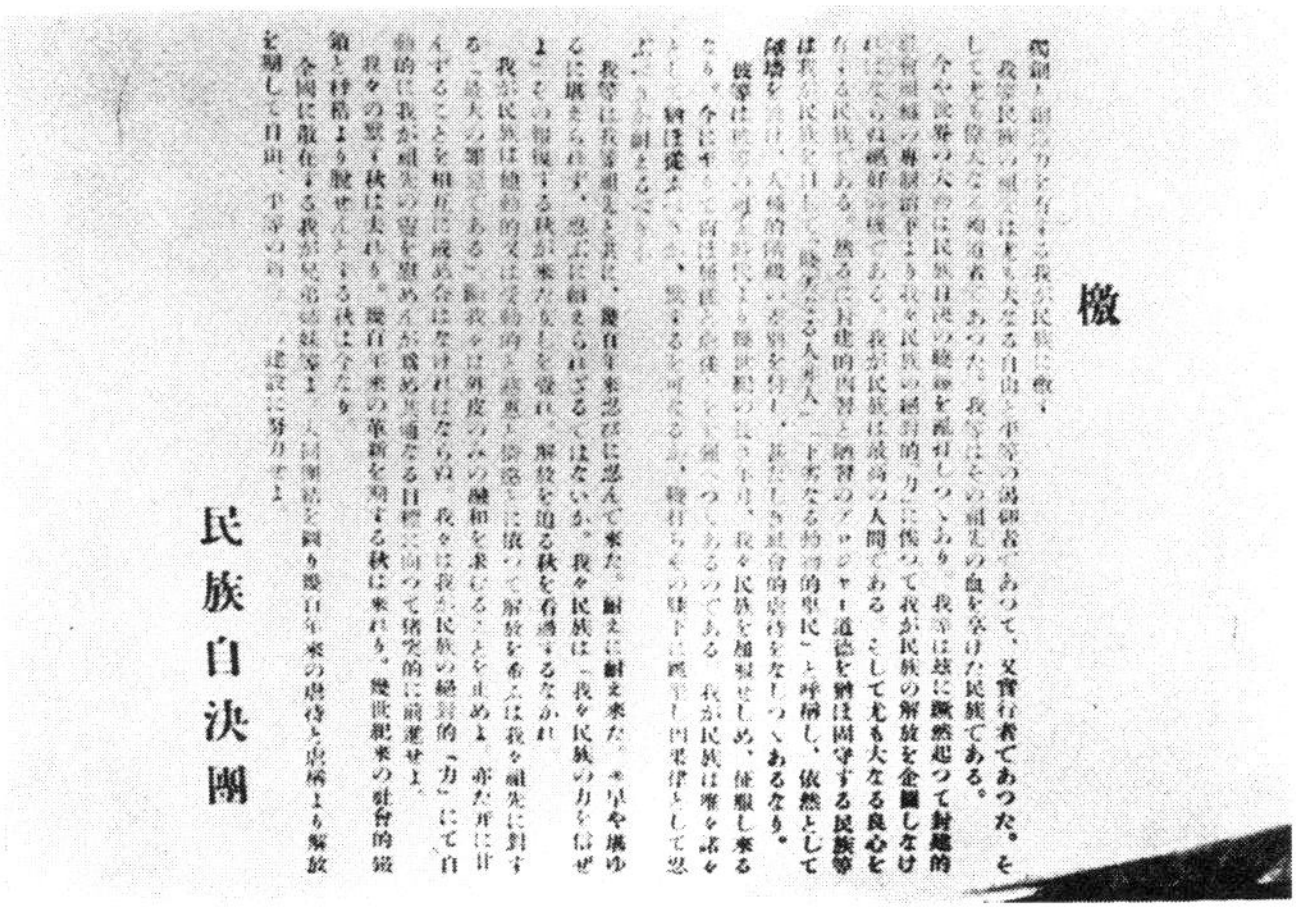
檄

民族自決團

民族自決団「檄」（1921 年）

水平社宣言は発信主体が「水平社」とあるように、全国水平社の組織文書です。平野も二月二六日の夜に宮本旅館で集まった創立者たちで「綱領、宣言、決議、規約の協議」をしたと言い、「決議も皆で決定した」と言っていました。「決議も」ということは、水平社宣言も「綱領」も「規約」も「皆で決定した」ということでしょう。水平社宣言をまとめる役割を西光が果たしたという意味で、平野は「宣言は西光君が、筆をとつた」と表現したのではないでしょうか。

「大添削」していただいたと西光が強調して表現するほど、水平社宣言の完成に果たした平野の役割は大きなものだったと考えられます。ですが、平野はそのことをことのほか強調することなく、自身も助言者のひとりという意識から、謙虚に「西光君が、筆をとつた」と表現したのではと感じます。

人類の共有財産

西光が起草し、平野がそれを添削、この二人でほとんど完成していたと考えられますが、そこに創立者たちの意見を取り入れて完成した宣言が、日本で初めての「人権宣言」と言われる水平社宣言だということです。起草者である西光だけが注目されそうですが、そうではなく、水平社宣言には創立者たちみんなの思いが込められているのです。

戦後の回想にはなりますが、阪本清一郎は、水平社宣言の草案について次のように述べています。

みんなの書いたものを寄せ集めて、その中の普遍化していける一番いいことばを拾い上げてきているんですわ。いろんな新しい熟語で我々に通ずるようなものを、どこに当てはめるかは別にして、考えてきてくれとみんなに頼んだんです。

近藤光、東京の平野小剣などにも言って、相当広く文章を集めましたよ。

私は、卑下の感情を入れたらいかん、高い姿勢を持たなければいかん、永遠に残るもんやから、それを頭に入れて文章を練ってくれ、ということを最初から言いよったですわ。

平野君は徹底した虚無党でしたから、学校も行ってないけど、文章や話はなかなかで、究極に達するようなことばを言うてましたね。

軽視されるようなことではいかん、生ぬるいようなことではいかん、我々は改良主義ではない、ということを念頭に置いていましたから、そこにはっきりした意味を含ませなければならない、この点を注意しましたね。真の水平をもとめる。それはひとつの闘争になる。逆襲ではなく、堂々として一個の人格を自ら生かしていく、ということが我々の望みでしたね。

（福田雅子『証言・全国水平社』日本放送出版協会、一九八五年）

阪本が言う「逆襲ではなく、堂々として一個の人格を自ら生かしていく」は、水平社宣言の核心でしょう。また、「永遠に残るもんやから」との発言が実は決して大袈裟《おおげさ》な表現でないことは、全国水平社の結成が日本の公教育の教科書にも掲載されていることや、水平社と朝鮮の衡平社《ヒョンピョンサ》との交流を示す史料（「水平社と衡平社 国境を越えた被差別民衆連帯の記録」）が、二〇一六年にユネスコのアジア太平洋地域「世界の記憶」に登録されていることが示しています。さらに国際的に見ると、水平社宣言は被差別マイノリティが発信したものとしては世界初の「人権宣言」と言われています。こうしたことからも、全国水平社の創立理念は決して過去のものではなく、現代を生きる私たちだけの財産でもなく、私たちが未来に継承すべき全人類の共有財産と言えるでしょう。

ところで、みなさんはよく水平社宣言と言われると思います。本書でもここまで水平社宣言と呼んできましたが、全国水平社は大会ごとに宣言を発信しています。とは言っても、可決されなかったり、宣言が発信されなかったり、そうした大会もあるのですが、どの大会の宣言であるのかを区別するため、研究者の間では創立大会で可決された宣言は「全国水平社創立宣言」と呼ばれています。この「全国水平社創立宣言」が、みなさんよくご存じの水平社宣言なのです。

本書では、水平社宣言の最後を締めくくる「人の世に熱あれ、人間に光あれ」の意味解釈を含め、水平社宣言に込められた全国水平社創立の理念や思想に迫りたいと思いますが、その前に、まずは全国水平社創立までの経過をたどってみましょう。

2　大和同志会からの影響

「団結」

全国水平社も突如として歴史上に登場したわけではありません。部落問題にかかわる国内の動きや人権に関する国際的な潮流など、さまざまな影響を受けて全国水平社は創立されています。

全国水平社が創立される一〇年前の一九一二年には、水平社の先輩的な全国組織である大和同志会《やまとどうしかい》が結成されています。大和同志会が一九一二年一〇月に創刊した機関誌『明治之光』では、大和同志会の指導者や融和運動家、宗教家などが、部落問題に関するさまざまな主張を展開し、部落差別解消の議論が深められます。岡山県の融和運動家・三好伊平次《みよしいへいじ》（一八七三―一九六九年）が、「偶感偶語」というタイトルの文章を一九一五年一二月から一九一六年一〇月にかけて五回に分けて連載しています。時期としては全国水平社が創立されるおよそ六年前ということになります。

三好はその連載で、「団結」というタイトルの文章を『明治之光』に寄せています。その一部が次のような文章です。

何ぞ我徒の意気地なきの甚だしき。（中略）自覚せよ多数の兄弟よ姉妹よ。我等の問題を解決せしめんとせば。必ずや多数の叫び多数の力によらざるべからず。彼の一人若くは数人の叫びは仮令其咽を害ひ血を吐く努力も僅に一地方にしか及ばざるべし。若し夫れ数万数十万人の喊声は実に天下を震動せしむるに足らん

（三好黙軒「偶感偶語」『明治之光』第四巻第一二月号、一九一五年一二月）

三好は部落民に対して、我々の仲間はなぜこんなにも意気地がないのかと語気を強め、部落問題を解決しようとすれば必ず多数の力を寄せ集めなければならない、つまり団結が必要なんだと訴えます。水平社宣言も「全国に散在する吾が特殊部落民よ団結せよ」で始まっています。

「新平民と名乗れよ」

さらに三好は同じく「偶感偶語」で、「新平民と名乗れよ」と訴えます。その一部が次のような文章です。

顧るに我党百万同胞の中、過去及現在に於て、社会に傑出せるもの、少なきにあらざるべし、然り吾人の知り得る範囲内に於てすら、文武の大官あり大学者あり、大宗教家あり、大実業家あり、而して彼等は唯自己一身の栄誉を保たんことを希ふためか、其身分を包み、戦々兢々として、其出身地の暴露せんことを恐るゝもの丶如し。これ果して賞讃すべき行為なるか、吾人を以て之れを見る、我徒が

今尚社会の一隅に呻吟しつゝある所以のものは、我徒の有力者が、貴族何者ぞ、我れ何者ぞ、我れは穢多也、新平民也、と叫号するの勇気乏しきがためなり、若し夫れ、学あり才あり、地位あり、力ある、数人若くは数十人が、克く自己の出身を明かにし、以て各其技倆を発揮するに至らば、即ち容易く社会が我徒に対する、偏見を芟除することを得ん。

（三好黙軒「偶感偶語」『明治之光』第五巻第二月号、一九一六年二月）

三好は、歴史を振り返ってみると自分たちの仲間の中にも、過去においても現在においても優れた人物は少なくなく、自分の知っている範囲においても多くの分野で活躍している優秀な人物がいると述べます。けれど、そうした人びとが自身の栄誉を保ちたいと望むがために、部落の出身であることを包み隠して、それが周囲に知られることを恐れてびくびくしていると指摘し、果たしてこれが賞賛された行為だろうかと問い質《ただ》します。続けて三好は、我々の仲間がいまだに社会の片隅で差別に苦しんでいるのは、そうした有力者が自身の出身を明らかにする勇気がないからだと訴え、学識や才能、また地位のあるそうした有力で有能な人びとが部落出身であることを明らかにしたうえで、その技量や才能を発揮するようになれば、部落民に対する世間の偏見もたやすく除き去ることができるだろうと主張します。

三好伊平次

三好が言うことも理解できますが、三好の主張と水平社宣言で訴えられている内容には決定的な違いがあります。三好は優秀な人に限って主張していますが、そんな人物ばかりではありません。三好の論理でいくと、優秀ではない、もう一歩踏み込んで言うなら世間から否定的な評価を受けてしまいそうな部落出身者と接した人は、たとえそれが誤解であったとしても、三好の論理とは正反対の反応や結果をもたらすことになるのではないでしょうか。つまり、罪を犯すなどの過ちを犯した人が部落出身であることが明らかになった場合やそうした事実が暴露された場合においては、ネガティブな感情を増幅させ、差別を深刻化させることにつながる可能性も否定できないのではないでしょうか。

水平社宣言にも「吾々がエタである事を誇り得る時が来たのだ」と出てきますが、ここには何の条件もありません。「吾々」は部落民であることを卑下することもなく、恥ずかしく思うこともなく、それに委縮することもなく、自身のその属性を自覚し肯定していけばいいのだと、水平社の創立者たちは訴えます。

三好の主張と水平社宣言の内容には大きな相違があることは確かですが、部落民アイデンティティを隠すことなく表出していこうというそうした思想が、全国水平社の創立に影響を与えたことは間違いないでしょう。

3　創立者たちの集結

改善から解放へ

全国水平社が創立される数年前、世界では第一次世界大戦が終結し、一九一九年に結ばれたヴェルサイユ条約によって、世界平和の維持と福祉増進のための国際協力を目的とする国際連盟が一九二〇年に設立されていました。

国際平和が希求され、民族自決の原則が拡大するなか、日本国内でも、政治、社会、文化の各方面で民主主義的・自由主義的思想が高揚し始めます。奈良県南葛城郡掖上《わきがみ》村柏原（現在の御所市）では、阪本清一郎、西光万吉、駒井喜作などが中心となり、一九二〇年五月に燕会《つばめかい》が結成されました。

柏原で燕会が活躍しているころ、奈良県磯城《しき》郡大福《だいふく》村（現在の桜井市）の青年たちが結成した三協社は、一九二〇年九月に発刊した機関誌『警鐘』の創刊号で、青年の自発的な部落改善を促しました。その後『警鐘』で部落改善に関する議論が展開されるなか、「紫朗」のペンネームを使ったと思われる駒井喜作が「解放と改善」（『警鐘』第二巻第一一号、一九二一年一一月）を発表し、改善運動が存在するがゆえに解放運動がなくてはならない、前者は後者の一部分的運動であると述べ、自主的な部落解放運動の必要性と重要性を訴えました。

東京では、一九二一年二月に第二回同情融和大会が開催されました。この大会で、平野小剣が「民族自決団」を名乗り先に紹介した「檄」で、「独創と創造力を有する我が民族に檄す」と呼びかけ、「全国に散在する我が兄弟姉妹等よ。大同団結を図り幾百年来の虐待と虐称より解放を期して自由、平等の新社会の建設に努力せよ」と訴えました。

1920年に結成され、水平社創立の中心となった燕会の人たち

一九二一年七月には、「特殊部落民自身が先づ不当なる社会的地位の廃止を要求することより始まらねばならぬ」と、「解放の原則」を示した佐野学《さのまなぶ》（一八九二―一九五三年）の「特殊部落民解放論」が雑誌『解放』で発表されました。この論文は、燕会の会員に大きな衝撃を与え、阪本や西光らを水平社創立へと動かしました。

京都へ！京都へ!!

阪本、西光ら燕会のメンバーは水平社創立趣意書『よき日の為めに』の作成に取りかかり、その発行についての相談をするため一九二一年一〇月に大和同志会会長の松井庄五郎《まついしょうごろう》（一八六九―一九三一年）を訪ねました。松井には反対されてしまいましたが、その場に居合わせた南梅吉と出会い、南が水平社創立に加わることになりました。南は愛宕《おたぎ》郡野口村で楽只《らくし》青年団の団長を務め、部落改善運動に取り組んでいましたが、水平社運動に魅力を感じ、水平社の創立に共鳴したのでしょう。その後、阪本や西光らは南を通じて、京都市の部落で青年団運動に取り組んでいた桜田規矩三を知ることとなり、さらに同じく京都に住んでいた埼玉県出身の近藤光《こんどうひかる》（一八八七―一九六一年）とも出会うことになります。

一一月には、奈良県の五條町須恵《すえ》青年団の主催で開催された紀和青年雄弁大会で、西光、駒井が演説をしました。同じく大会で演説した五條町の米田富は、この直前に駒井から水平社創立の説明を受けて同志になっていました。

『よき日の為めに』は駒井喜作を編集兼発行人として一二月に発行され、三浦参玄洞《みうらさんげんどう》（一八八四―一九四五年）から紹介された同朋舎《どうほうしゃ》で印刷され各地に発送されました。三浦は柏原にある浄土真宗本願寺派誓願寺の住職で、西光にも大きな影響を与えた人物です。

水平社創立の準備は一九二二年に入って本格化し、西光は京都に移り住んで活動するようになりました。平野は、同年二月二一日に大阪市中央公会堂（中之島公会堂）で開催される大日本同胞差別撤廃大会を一日と勘違いして大阪に入りましたが、日程が間違っていることを知って帰京しようとしていました。ところがこの大阪訪問で水平社運動が起ころうとしていることを知り、「胸の張り裂けるような、うれしい歓び」を覚えたと言います。平野は、一度帰京したものの阪本や西光からの連絡を受け、水平社創立に参画することになりました。さらに、大日本同胞差別撤廃大会の準備委員会に出席した阪本や西光が泉野利喜《いずのりき》蔵《ぞう》（一九〇二―一九四四年）とつながり、泉野が水平社創立に参画しました。泉野は現堺市の舳松《へのまつ》で一九二〇年五月に一誠会を結成し、部落解放を模索していました。

ここに水平社創立者の阪本清一郎、西光万吉、駒井喜作、米田富、南梅吉、桜田規矩三、近藤光、平野小剣、泉野利喜蔵がそろったのでした。そして二月二一日、大阪市中央公会堂で開催された大日本同胞差別撤廃大会で、「京都へ！　京都へ‼」と訴えるビラが会場に撒《ま》かれ、全国水平社の創立が呼びかけられました。このビラとともに「全国水平社創立大会へ‼」のチラシも撒かれたのでしょう。

創立大会が目の前にせまった二月二八日、京都駅前の宮本旅館で、南、桜田、平野、近藤、阪本、西光、駒井、米田の八人が、大会で配布する綱領や宣言、決議などについて最終的な協議をしました。先ほど見たように、綱領の第一項と第二項は平野が、第三項は阪本が提案をして承認を得ました。水平社宣言もこの場にいた創立者たちの協議を経て大会に提案されることとなりました。宣言などは、翌三月一日に印刷にまわされ、大会前日の三月二日には、水平社の創立者たちが自動車で京都市内の各新聞社を訪問して取材を申し入れ、また宣伝隊を組織して宣伝ビラを京都付近一帯に撒布《さんぷ》し、大会への参加を呼びかけました。そうしていよいよ三月三日の大会当日を迎えることになりました。

4　感動と歓喜の全国水平社創立大会

一九二二年三月三日、人間の尊厳と平等、差別の撤廃を求めて、全国水平社は創立されました。「三百万人の絶対解放、特殊部落民の大同団結、全国水平社創立大会」と正面の垂れ幕に墨であざやかに大書された京都市公会堂（岡崎公会堂）には、午前中から多くの参加者が集い、開始を待ちわびる拍手が会堂に響いていました。

平野は大会当日の様子を次のように振り返っています。

斯くして第一回創立大会の日が来た。『記憶すべき大正十一年三月三日』――前夜来の強い雨は午前九時頃歇んだ。太陽は前途を祝福するが如く燦として輝いてゐる虐められて来た者のうへに幸福の笑ひを投げ与へてゐるが如くであつた。

（編輯一同人「思ひ出／創立のころ」『自由』第二巻新年号、一九二五年一月）

午後一時、南梅吉が「部落問題は部落民自らの覚醒努力によって解決すべきものである故に虐げられたる人びとのみの団体水平社を組織したる所以である」と開会の辞を述べ、全国水平社創立大会の幕が切って落とされました。南は降壇後、座長席に着き、阪本清一郎が創立大会にいたるまでの経過を報告しました。その後、組織としての目標や目的を掲げた水平社の綱領を桜田規矩三が朗読し、提案しました。

綱領

一、特殊部落民は部落民自身の行動によつて絶対の解放を期す
一、吾々特殊部落民は絶対に経済の自由と職業の自由を社会に要求し以て獲得を期す
一、吾等は人間性の原理に覚醒し人類最高の完成に向つて突進す

いよいよ駒井喜作が登壇し、水平社宣言を朗読します。

水平社宣言の朗読という大役を担う駒井に、阪本清一郎は次のように伝えていたようです。

いよいよ宣言という声がかかって宣言の朗読の段になりますと、みんな緊張しました。ここまでくるのに幾日かかったかわかりません。毎晩毎晩、綱領と宣言を検討して、ひがみの残るような文章を書いたらいかんということと、あまり大げさすぎてもいかん、あくまで氷のごとき静けさを感じさせんといかんと。（中略）朗読者の駒井君にもそのことは特に注意し、「普通の朗読とは違うのやで、これは我々が永劫末代忘れることのできないものだという気持を離さずに、初めから終わりまで落ち着いて読んでくれ」というふうに言うていました。

（福田雅子『証言・全国水平社』）

そして、水を打ったように静かになった会場で、駒井が水平社宣言を読み出しました。

宣《せん》言《げん》

全国《ぜんこく》に散在《さんざい》する吾《わ》が特殊部落民《とくしゅぶらくみん》よ団結《だんけつ》せよ。

長《なが》い間虐《あいだいじ》められて来《き》た兄弟《きょうだい》よ、過去半世紀間《かこはんせいきかん》に種々《しゅじゅ》なる方法《ほうほう》と、多《おお》くの人々《ひとびと》とによつてなされた吾《われ》等《ら》の為《た》めの運動《うんどう》が、何等《なんら》の有難《ありがた》い効果《こうか》を齎《もた》らさなかつた事実《じじつ》は、夫等《それら》のすべてが吾々《われわれ》によつて、又他《またた》の人々《ひとびと》によつて毎《つね》に人間《にんげん》を冒瀆《ぼうとく》されてゐた罰《ばち》であつたのだ。そしてこれ等《ら》の人間《にんげん》を勦《いたわ》るかの如《ごと》き運動《うんどう》は、かへつて多《おお》くの兄弟《きょうだい》を堕落《だらく》させた事《こと》を想《おも》へば、此際吾等《このさいわれら》の中《うち》より人間《にんげん》を尊敬《そんけい》する事《こと》によつて自《みずか》ら解放《かいほう》せんとする者《もの》の集団運動《しゅうだんうんどう》を起《おこ》せるは、寧《むし》ろ必然《ひつぜん》である。

兄弟《きょうだい》よ、吾々《われわれ》の祖先《そせん》は自由《じゆう》、平等《びょうどう》の渇仰者《かっこうしゃ》であり、実行者《じっこうしゃ》であつた。陋劣《ろうれつ》なる階級政策《かいきゅうせいさく》の犠牲者《ぎせいしゃ》であり男《おとこ》らしき産業的殉教者《さんぎょうてきじゅんきょうしゃ》であつたのだ。ケモノの皮剝《かわは》ぐ報酬《ほうしゅう》として、生々《なまなま》しき人間《にんげん》の皮《かわ》を剝取《はぎと》られ、ケモノの心臓《しんぞう》を裂《さ》く代価《だいか》として、暖《あたたか》い人間《にんげん》の心臓《しんぞう》を引裂《ひきさ》かれ、そこへ下《くだ》らない嘲笑《ちょうしょう》の唾《つば》まで吐《は》きかけられた呪《のろ》はれの夜《よ》の悪夢《あくむ》のうちにも、なほ誇《ほこ》り得《う》る人間《にんげん》の血《ち》は、涸《か》れずにあつた。そうだ、そして吾々《われわれ》は、この血《ち》を享《う》けて人間《にんげん》が神《かみ》にかわらうとする時代《じだい》にあうたのだ。犠牲者《ぎせいしゃ》がその烙印《らくいん》を投《な》げ返《かえ》す時《とき》が来《き》たのだ。殉教者《じゅんきょうしゃ》が、その荊冠《けいかん》を祝福《しゅくふく》される時《とき》が来《き》たのだ。

吾々《われわれ》がエタである事《こと》を誇《ほこ》り得《う》る時《とき》が来《き》たのだ。

吾々《われわれ》は、かならず卑屈《ひくつ》なる言葉《ことば》と怯懦《きょうだ》なる行為《こうい》によつて、祖先《そせん》を辱《はずか》しめ、人間《にんげん》を冒瀆《ぼうとく》してはならぬ。

そうして人《ひと》の世《よ》の冷《つめ》たさが、何《ど》んなに冷《つめ》たいか、人間《にんげん》を勦《いた》はる事《こと》が何《な》んであるかをよく知《し》つてゐる吾々《われわれ》は、心《こころ》から人生《じんせい》の熱《ねつ》と光《ひかり》を願求礼讃《がんぐらいさん》するものである。
水平社《すいへいしゃ》は、かくして生《うま》れた。
人《ひと》の世《よ》に熱《ねつ》あれ、人間《にんげん》に光《ひかり》あれ。
大正十一年三月《たいしょうじゅういちねんさんがつ》
水平社《すいへいしゃ》

駒井が宣言を朗読し終えた後の会場の様子を、全国水平社の機関誌『水平』第一巻第一号は次のように記しています。

駒井氏の一句は一句より強く一語は一語より感激し来り、三千の会衆皆な声をのみ面を俯せ歔欷の声四方に起る、氏は読了つてなほ降壇を忘れ、沈痛の気、堂に満ち、悲壮の感、人に迫る、やがて天地も震動せんばかりの大拍手と歓呼となつた。

（「全国水平社創立大会記」『水平』第一巻第一号、一九二二年七月）

「歔欷《きょき》」とは、すすり泣きやむせび泣きのことです。会衆が顔を伏せてむせび泣き、「宣言」を読み終えた駒井自身も感極まって立ち尽くしてしまうなか、会場には憂いや悲しみがひととき広がりましたが、会衆は悲痛な感情に沈んでいただけではありませんでした。その感情を併せ持ちながらも、熱と光を求めて勇ましく突き進む気概と覚悟を、またその決意を、天地をも揺るがすほどの喜びの声と拍手で示したのでした。水平社宣言に込められたその理念に部落の人びとがどれほど勇気づけられたか、その感動的なシーンが目に浮かんできます。

「悲壮の感、人に迫る」とありますが、「悲壮」とは、あわれにまた勇ましいこと、悲しい結果が予想されるにもかかわらず、勇ましい意気込みのあること、という意味です。「人の世の冷たさが、何んなに冷たいか、人間を勦はる事が何んであるかをよく知つてゐる吾々は、心から人生の熱と光を願求礼讃する」と宣言して、人間の尊厳と平等の実現のために差別と闘う荊《いばら》の道を突き進む水平社の決意を、この言葉は端的に表現していると感じます。

この時の感動を平野は、「思ひ出／創立のころ」で、次のように振り返っています。

噫！ 創立当時のころを想ひ起すとき吾等の胸は躍り、新しい感激の涙が頬をつたふ。／あの会場内の空気、沈痛の涙にみちた悲壮の場面こそ、それはとても筆紙にも口にも表現することはできない。／たゞ、涙と涙の連鎖的法悦であつた。此ときの事は創立者たる吾等のみが心の中にて知るだけである。そして創立者以外の第一回大会に参加した者のみがよくそれを味はふ事が出来るだけであらう。

続いて米田富による決議の提案です。

決議

一、吾々ニ対シ穢多及ヒ特殊部落民等ノ言行ニヨツテ侮辱ノ意志ヲ表示シタル時ハ徹底的糺弾ヲ為ス。
一、全国水平社京都本部ニ於テ我等団結ノ統一ヲ図ル為メ月刊雑誌『水平』ヲ発行ス。
一、部落民ノ絶対多数ヲ門信徒トスル東西両本願寺ガ此際我々ノ運動ニ対シテ抱蔵スル赤裸々ナル意見ヲ聴取シ其ノ回答ニヨリ機宜ノ行動ヲトルコト。

右決議ス

大正十一年三月

全国水平社大会

米田が決議を朗読し終えると、拍手喝采《かっさい》により綱領、宣言、決議のすべてが可決されました。

創立大会が終了すると各地代表者の演説が始まり、泉野利喜蔵、近藤光、西光万吉などが演説しました。

平野の演説は、「全国水平社創立大会記」に次のように記されています。

東京代表平野小剣君は社会組織の欠陥から説き起し現今の社会は悪魔の社会であると鋭く抉り、自身の生ひ立ちを述べ母の臨終に及び、悲しい、痛ましい、母の遺言は『世の中を呪へ』それであつた。母は私に反逆児になれと云つて死んだ。私は母の遺言通りに生きて行く、臨終の床の母の姿を想ひ起す時、私しの胸に反逆の炎は燃えさかる。私の生命は地獄の劫火を呼吸している。社会主義運動へ入いたのも、労働運動へ入つたのも、私がエタであつたからだ。エタの子であつたからだ。と君の一指の動くところ、呪の炎は狂騰して悉く聴衆を灼熱せしめ、反逆の車輪は轟々として満堂を狂奔廻転するかと思はれる。

この平野の演説内容で注目されるのは水平社宣言にも登場する「呪」という語でしょう。水平社宣言では「呪はれの夜の悪夢」と出てきます。さらに水平社宣言には直接出てきませんが、「反逆児」「反逆の炎」「反逆の車輪」と繰り返される「反逆」という言葉は、「人の世に熱あれ、人間に光あれ」の意味を読み解く重要な鍵のひとつと考えられます。この「反逆」という言葉はキーワードと考えられますので、覚えておくことにしましょう。

さらにこの演説会では少年代表の山田孝野次郎《やまだこのじろう》（一九〇六—一九三一年）が登壇し、次のように演説しています。

全国少年代表山田孝野次郎君は十四才の紅顔の可憐児、その愛けな姿を壇上にあらはすや、堂々として六尺の男子をもしのぐ態度をもつて論じ去り論じ来る。私は郡役所の役人様や学校の先生の演説又は講話を聞きました、それ等の方々は口を極めて平等の必要を叫びます人と人との差別を不合理だと云ふて攻めます。そして私共を如何にも理解してゐるが如く或ひは殆んど差別的感情なぞは、これ程もないかの様に云はれますが、一度教壇に起つた先生のひとみは何んと云ふ冷たいものでしょう。と少年の眼には涙が滲んだ。そして、圧迫、侮蔑、擯斥の二三の実例を挙げ来るや、小さな胸におもひせまりて、竟に涕泣、涙を以て訴へる場内各所に嗚咽の声聞え、壇上の委員も皆、その場に居るに堪えず、事務室に走り込み手を取り合ふて泣く少年は最後に大声叱呼！　今私共は泣いている時ではありません。大人も子供も、一斉にたつて一斉にたつて此嘆きの因を打ち破つて下さい、光り輝く新しい

世の中にして下さい。と急霰の如き拍手を浴びて降壇
（「全国水平社創立大会記」）

山田孝野次郎

山田は、「教壇に起つた先生のひとみは何んと云ふ冷たいものでしょう」と、肌で感じたその差別を「冷たい」と表現しています。水平社宣言にも「人の世の冷たさが、何んなに冷たいか」と出てきます。この「冷たい」の対義語が「人の世に熱あれ」として水平社が求めていた「熱」とも考えられそうです。

演説会閉会後、別館において各地代表者及び有志による協議会が開催され、およそ二〇〇人が集まった協議会で全国水平社の規約である「則」が原案通り可決されました。

則

一、各府県水平社ハ水平社ニ加盟シタル各地ノ個人又ハ団体ニ依ツテ組織ス。各二名以上ノ地方委員ヲ選挙スルコト。
二、全国水平社本部ハ京都市ニ設置シ地方委員ニ依ツテ中央執行委員長一名、若干ノ執行委員ヲ選挙スルコト。
三、中央執行委員長ハ春秋二回ノ大会ヲ司催シ年一度地方委員ヲ全国水平社会議ニ召集スル権能ヲ有ス。

四、地方委員ハ臨時全国水平社会議ノ開催ヲ中央執行委員長ニ提議スルコトヲ得。
五、地方委員ハ各選挙者ノ三分ノ二以上ノ信任ヲ欠ク場合ハ其ノ資格ヲ失ス。
六、各地方水平社ハ全国水平社綱領ニ依リ自由ノ行動ヲ取ルコト。
七、各府県地方水平社ノ規約ハ各々任意トス。

大正十一年三月

京都府京都市高瀬七条下ル
全国水平社京都本部
《仮本部》

その後、満場一致で中央執行委員長に推挙された南梅吉がその就任を承諾し、記念すべき三月三日の全国水平社創立大会は終わりを告げました。

5　全国水平社創立大会の参加者数について

国内での報道

全国水平社創立の反響は大きく、翌三月四日の『大阪朝日新聞』京都附録は、「婦人と、いたいけな児童も混つて／解放を叫ぶ受難者の一団／全国水平社の創立総会／京都で三日午後一時開会さる」との見出しで、「来会者は堂に満ち、其中に数多の女性も交つてゐた、（中略）岡部よし子、山田栄の両女性も壇上に現れて朱唇から火の如うな叫びを揚げ（中略）山田孝次郎（孝野次郎…筆者注）君は（中略）悲壮なそして力のある演説をして聴衆を感動」させたと報じて、水平社宣言と決議を掲載しました。創立大会には女性や子どもの参加もあり、壇上で演説も行いました。

同じく三月四日付の『大阪毎日新聞』夕刊は、「水平社の／全国大会／差別撤廃を叫ぶ」の見出しで、「綱領及び宣言を発表し決議文の朗読を終るや全国各部落から派遣された各代表者は交々立て熱弁を振ひ部落排斥圧迫の理由なきを訴へ満場の血を湧かし（中略）此日会衆七百で四時半散会した」と報じました。

また、三月五日付の『中外日報』は、「正義と人道に立脚して／世の不合理をせめる／水平社創立大会」の見出しで、「場内は異常の緊張を示し地方代表の演説に移るや正義を主張するもの、不合理なる一般民衆を呪ふもの、資本主義の世界を打破せよと絶叫するもの、その声はすべて虐げられたる者の悲痛なる呻吟でなくてはならない、而も君臨的同情的な差別撤廃を排して自発的に飽くまで進まふとする意気の強さは自覚せるもの〻、おのづからなる威力であると思はしめた来会者は殆んど七百」として、綱領、宣言、則、決議を掲載しました。

来会者は堂に満ち

これまで全国水平社創立大会の参加者数は三〇〇〇人と言われてきましたが、新聞記事では「七百」という人数も確認できます。会場の様子が写された写真が残っていれば、会場のキャパシティと参加者の入り具合でおおよその参加者数が推定できるのですが、いずれの新聞報道も記事のみで、大会の様子を伝える写真は掲載されていません。それどころか残念なことに、現在のところ全国水平社の創立大会の写真はオリジナルでは一枚も確認されていないのです。唯一と思われますが、部落解放同盟中央本部の編集によって一九七一年に発行された『写真記録 水平社五十年史』には、京都市公会堂の壇上で女性や子どもが演説している写真が掲載されています。その写真は「大正十一年三月四日」の新聞記事と思われるのですが、その原典史料は確認されていません。「七百」という報道もあるなか、何を根拠として三〇〇〇人とされてきたのでしょうか。

『水平』第一巻第一号の「全国水平社創立大会記」には、「無慮三千人を容るに足る公会堂も満場立錐の余地なきに到り」「創立大会は茲に円満なる終了を告げ全国より会集した三千有余の人々は再び三度エタ万歳、水平社万歳を高唱した」と記されています。主催者側の発表とは言え、おそらくこれが信頼できる史料とされてきたのでしょう。会場となった京都市公会堂は収容人数が三〇〇〇人であることが確認できているのですが、『大阪朝日新聞』京都附録も「来会者は堂に満ち」、つまり満員の三〇〇〇人だったと報じています。

創立大会の様子を知るうえで大事な史料が水平社博物館に遺《のこ》されていますので、その史料を確認してみましょう。それは全国水平社の創立者七人の中で最も若かった米田富がつけていた全国水平社連盟本部日誌です。そこで米田は創立大会の模様を次のように記しています。

大正拾壱年三月三日曇天

創立大会　全国水平社創立大会ヲ京都市岡崎公会ニ挙行

各地代表　谷鉄之助（広島）角野末元（兵庫）江成久策（四国）田口久五郎（志賀）泉

野利喜蔵（大阪） 西光万吉（奈良） 近藤光（埼玉）
三重（北村庄太郎） 佐野信夫（京都） （婦人代表） 岡部よし子
（児童代表） 山田孝野次郎 平野小剣（東京）

来会者 約（二字抹消） 三千人

順序 開会ノ辞 南 梅吉君（京都）
創立迄ノ経過報告 阪本清一郎君（奈良）
宣言発表 駒井喜作君（奈良）可決
綱領発表 桜田規矩三君（京都）可決
決議朗讀 米田 富君（奈良）可決

各地代表ノ演説
自由演壇
京都市会議員上田荘吉氏ノ失言糺弾ヲ決議ス
午后五時ヨリ公会堂別館ニ於テ各地有志ノ協議会ヲ開ク

協議会

出席者 約二百名（全員部落民）
席上警官ノ入場許否問題トナル
中央執行委員長 南梅吉氏ヲ 推選
決議中 月刊「水平」ノ発行、両本願寺訪問ハ本部
幹部ニ一任

散会　　午后八時

（「全国水平社連盟本部日誌」水平社博物館所蔵）

参加人数を見る前に米田が遺した日誌で天候を確認すると、創立大会当日はどうも「曇天」だったようです。平野は「太陽は前途を祝福するが如く燦として輝いて」と振り返っていましたが、それは時折見せた晴れ間のことというよりも、水平社創立に新しい時代の幕開けを感じていた平野の晴れ晴れとした心情を表現したものだったのでしょう。

「全国水平社連盟本部日誌」（1922年）

全国水平社創立への気概

さて、話を参加者数に戻します。米田は参加者数を「三千人」と記していますが、米田の日誌で見落としてはならないポイントがあります。みなさんも上の写真で確認してみてください。そうです、「来会者」の項目で一度記した人数を、米田は自らのペンでぐちゃぐちゃっと抹消しているのです。その塗りつぶされて抹消された文字を確認すると、「一万」と書かれています。「一万」と書いた後、それを「三千人」に書き換えているので

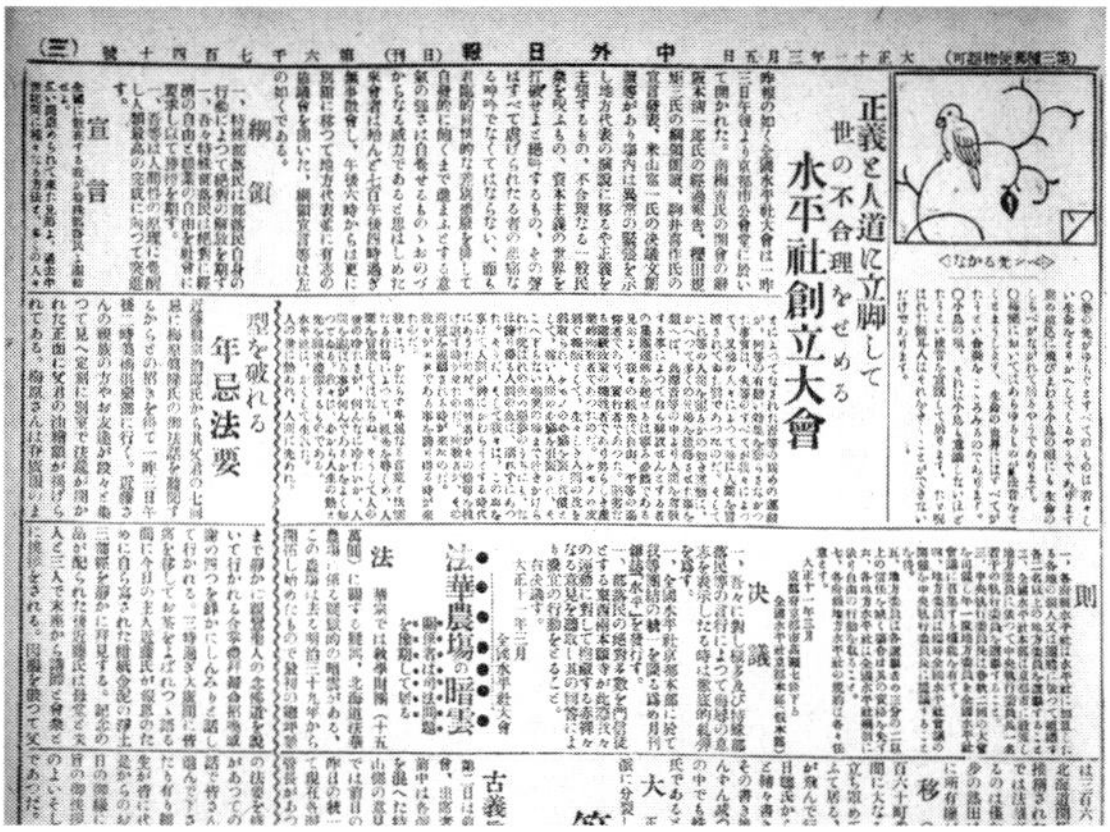
中外日報
正義と人道に立脚して
世の不合理をせめる
水平社創立大會
綱領
宣言
決議
則
型を破れる
年忌法要

創立大会を報じる『中外日報』

す。米田は創立大会にももちろん参加しています。当然会場の様子も見ています。その米田が「三千人」と書き遺しているのですが、どうでしょうか。一度書き換えているという行為は非常にあやしく感じてしまい、疑り深い私は疑問を抱いてしまいます。その心中を察するに、「一万」と書いたものの、さすがに収容人員の三倍以上の数字を書き遺すことに冷静になられたのではないでしょうか。となると、その「三千人」も少し盛られた？　いやいや、興奮と感動のあまり誇張してしまったのではないかと思えてくるのです。

いままで言われてきた「三千人」は、会場となった京都市公会堂が満員となり、歴史的な全国水平社の創立大会は大盛況で、大成功だったと伝えるための数字だったのではないかと、私は考えています。それではどの史料が最も信頼できるのでしょうか。

創立大会に参加した内務省社会局の三好伊平次が、その「復命書」で「約一千名」と報告をしていますが、その数には創立大会とは基本的に関係なく演説を目当てに集まった非部落民も含まれていると思われます。

私個人として最も信頼できると考えている史料は、全国水平社創立への支援を惜しまなかった『中外日報』です。『中外日報』の記者に三浦参玄洞がいたことが最大の理由です。三浦は、西光が生まれ育った柏原の西光寺から川を隔てたすぐ先にある誓願寺の住職でもあり、全国水平社創立の中心を担った阪本清一郎、西光万吉、駒井喜作とも燕会のころから親交があり、三人の良き相談相手でもありました。三浦が全国水平社の創立大会に参加したかどうかははっきりしませんが、創立者たちとの人的な関係から『中外日報』が最も信頼できると思われます。

三月五日付の『中外日報』は、「来会者は殆んど七百」と報じていて、七〇〇人に満たなかった可能性もあり、今まで言われてきた三〇〇〇人からすると四分の一以下の参加者数になります。ですが、関東から、あるいは九州から、大会に駆け付けた人びとがどんな思いを持ってこの大会に参加したのか、そうした気持ちを汲み取ることを重視したいと個人的には感じてしまいます。当然現在のように新幹線という交通手段があるわけではなく、資料によると当時は東京から大阪まで特急列車でおよそ一一時間もかかったと言います。九州からとなるとさらに時間がかかったことでしょう。時間だけではなく、その交通費ももちろん自己負担です。部落差別をなくし、自身の尊厳を取り戻したいという気概を持った人びとが、そうした労苦や経済的負担を省みることなく、各地から駆け付け集結したということでしょう。

アイデンティティの喚起

岡山県の部落から創立大会に参加した当時二二歳だった山本藤政《やまもとふじまさ》と二四歳だった山崎勝近《やまざきかつちか》の二人は、自転車と列車を乗り継いで京都に到着したと言います。彼らのふるさとでは全国水平社創立大会に五人の代表を送ることを決め、一戸ずつまわって米や旅費を集めて回ったと言います。そうして集めたお金で山本と山崎の二人が自転車で京都をめざすことになったそうです。山本はその時のことを次のように振り返っています。

その日暮らしで、一日働かなかったら食えん状態ですからな。相互扶助の精神が強かったんです。小作の問題やろう思ったら命がけでやるし、銭金じゃないんですからな。明日の米代がないというふうな時代ですけん。京都行くのでも、旅費が一文ものうてでも行くぐらいの熱意は、みんなあったわけです。

昼から出発しました。五人行くというのが旅費が足らなんだりして、私と山崎さんと二人はぜひとも行こうということで、昼になって出かけました。しかし、山越えして直線に姫路へ行く今のような道がついておりません。上郡にでてそれから姫路へでて行くんですけんな。ここから南へ下がって上郡へでてな、上郡から姫路まで何ぼありましょうかな、一八里から、二〇里ぐらいありましょう。そじゃから、もう日が暮れてしもうたわけですから。ああこりゃいけんぞ、ということで。今のように自転車にライトが付いたりなんかするようなのに乗っとらんから。こりゃいけんということで、駅に自転車ぶち投げといて、姫路から汽車に乗って行くんですけん、はあ、夜半ですけん、一番最終の列車じゃったろう。ほんじゃけん、京都へ着いたら、まだ真っ暗がりです。「山崎君よ、やれ暗くもないわ、すぐ夜が明けるわ」言うて、京都の駅から岡崎の公会堂までのん気な二人、手をつないで、てくてく歩いて行くんですわ。

今でも印象に残っておりますわな。平生だったらどうも感じんのじゃけんな。ほのぼのと明けてくる東山、ずっと向こう、あの赤い光が、東山の連峰が、ずっとこう夜が明けていくのが何ともいえん、その感じだったけど。その自分たちの目的地に来たんだと、今日は全国の同志が集まるんだという感激がありますから、その空を見る目が違うんです。

（福田雅子『証言・全国水平社』）

『よき日の為めに』には、「起きて見ろ――夜明けだ。／吾々は長い夜の憤怒と悲嘆と怨恨と呪詛とやがて茫然の悪夢を払ひのけて新しい血に甦へらねばならぬ」とありますが、まさしく参加者にとって全国水平社の創立大会は「よき日」の夜明けを告げるものだったということでしょう。平野が「太陽は前途を祝福するが如く燦として輝いて」と表現したことと同じく、創立大会の参加者が意気揚々と京都市公会堂に向かった様子が目に浮かんできて、この回想を読んでいるだけでも胸にくるものがあります。

期待に胸を膨らませていたばかりではなく、幾ばくかの不安を胸に抱えて大会に参加した人もあったようです。九州から僧侶の修行のために京都に来ていた田中松月《たなかしょうげつ》（一九〇〇―一九九三年）は、全国水平社創立大会に参加したその時の心中をこう振り返っています。

そのときの気持はうれしいというか恐ろしいというか、何ともいえない気持でした。我々はそれまで部落のことを隠そう隠そうとしていたのに、自分の方から看板かかげて、大会を開くというわけでしょう。何でそんなことするのかという思いと、何とかせにゃならんという期待が入り交ざった、何ともいえない気持でした。会場に行っても、入ろうかこのまま帰ろうか、だいぶ逡巡しました。結局、「九州のものですが、傍聴させてもらえんじゃろうか」ときいて、中に入ったわけです。それからが正式に運動に参加するということになります。

会場では、同じ立場の人たちがたくさんいる。そのときの感激はすごいものでした。最近の大会とは比べものにならないですね。それから、この頃はそういう空気も薄らいできましたが、昔は部落の出身であるということがお互いにわかると、兄弟のような感情になったものです。だから会場に大勢の同志がいるというだけで、うれしさでいっぱいでした。傍聴席は二階でした。そのときの気持は感激の坩堝としかいえないような気持です。水平社宣言も聞きました。そして、その刷り物をもらって帰り、村中の一〇軒たらずのうちのわかってくれそうな人に呼びかけました。

私は、もう自分の身はどうなってもかまわない、とにかくこの運動をしなければという気持でした。

（福田雅子『証言・全国水平社』）

自身のアイデンティティやルーツを隠そう隠そうと考えていた田中の迷いを吹き飛ばし、わが身を顧みることなく水平社運動に邁進《まいしん》する決意を喚起させるほどに全国水平社の創立大会が感動的だったということが、ひしひしと伝わってきます。

水平社は最初に全国レベルの組織が京都で結成され、その後、田中松月がそうであったように、創立大会の参加者がそれぞれの地元に戻って水平社運動を立ち上げていきます。内務省警保局によると一九二二年末までに二一の水平社ができ、第二回大会時には約六〇、一九二三年末には三府二一県に三〇〇近くの水平社が結成されました。まさしく燎原《りょうげん》の火の如《ごと》く、一気に全国に広がりました。この広がりのスピードからも、水平社運動がどれほど待ち望まれていた運動であったのかが伝わってきます。

府県水平社の創立一覧

創立日	水平社名	備考
1922. 3.20	東京水平社	創立相談会
4. 2	京都府水平社	同時に田中水平社結成
4.14	埼玉県水平社	
4.21	三重県水平社	
5.10	奈良県水平社	
8. 5	大阪府水平社	同時に西浜水平社結成
11.10	愛知県水平社	
11.26	兵庫県水平社	同時に神戸水平社結成
1923. 3.23	関東水平社	
3.23	群馬県水平社	
3.31	静岡県水平社	
4. 5	高知県水平社	当初は長岡水平社
4.18	愛媛県水平社	当初は拝志水平社
5. 1	全九州水平社	
5.10	岡山県水平社	
5.10	山口県水平社	
5.17	和歌山県水平社	
6.17	佐賀県水平社	
7. 1	福岡県水平社	
7.12	鳥取県水平社	
7.18	熊本県水平社	6月18日設立とも
7.30	広島県水平社	
8. 5	栃木県水平社	
1924. 3.30	大分県水平社	
4.15	茨城県水平社	
4.18	滋賀県水平社	当初は宝の木水平社
4.23	長野県水平社	
7.10	岐阜県水平社	
7.11	香川県水平社	
9.20	全四国水平社	
10. 4	千葉県水平社	
12.24	徳島県水平社	当初は加茂名水平社
1925. 5. 4	山梨県水平社	
1928. 6. 5	長崎県水平社	

6　世界でも注目された水平社宣言

アジア太平洋地域「世界の記憶」

人間の尊厳と平等の実現を求めて発信された水平社宣言は、部落民だけではなく、在日朝鮮人や在阪のウチナーンチュ（沖縄人）、アイヌ民族やハンセン病患者・回復者らの自主的な運動の展開に刺激と勇気を与えました。さらに、一九二三年四月に結成された朝鮮衡平社の創立にも影響を与えました。衡平社は、当時日本の植民地支配下にあった朝鮮の被差別マイノリティである旧「白丁《ペクチョン》」を中心として結成された団体です。

全国水平社は一九二四年三月に開催した第三回大会で、旧「白丁」の解放を目的に組織された衡平社と連絡をはかることを決議しました。衡平社もこれに応じ、以降、両社は相互の大会で人的交流をはかり、祝辞・祝電を送り合いました。さらに一九二七年には、衡平社幹部の李東煥《イトンファン》が京都府水平社を訪れるなど、互いに連帯を求めて交流を続けました。

厳しい差別のなか日本の部落民と朝鮮の旧「白丁」が連帯を求めて交流したその歴史は、人類の普遍的原理である人権、自由、平等、博愛、民主主義を基調とした記録であり、その交流を示す史料が「水平社と衡平社　国境を越えた被差別民衆連帯の記録」として、ユネスコのアジア太平洋地域「世界の記憶」に登録されました。

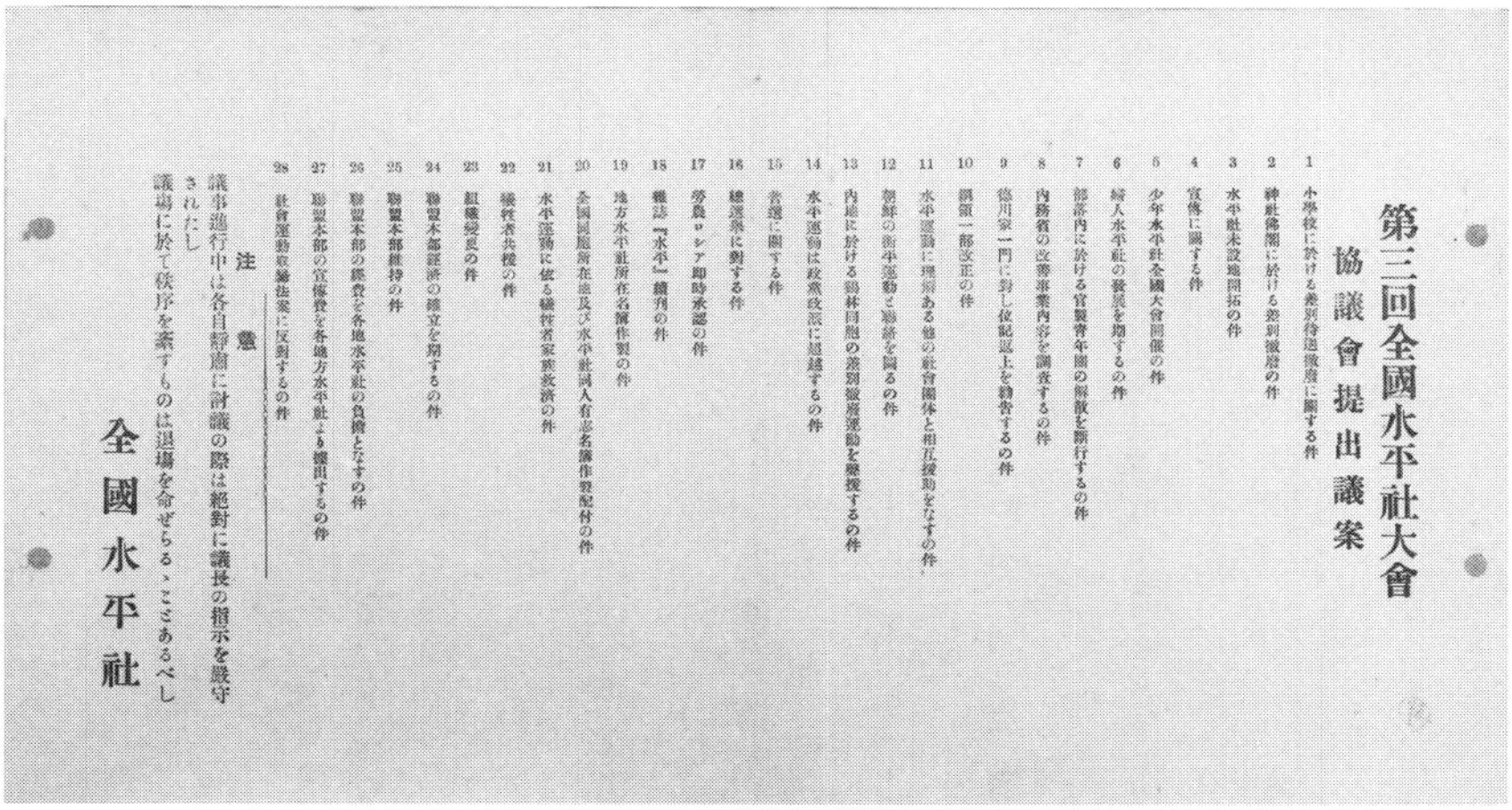

第三回全國水平社大會
協議會提出議案

1 小學校に於ける差別待遇撤廢に關する件
2 神社佛閣に於ける差別撤廢の件
3 水平社未設地開拓の件
4 宣傳に關する件
5 少年水平社全國大會開催の件
6 婦人水平社の發展を期するの件
7 部落内に於ける官製青年團の解散を斷行するの件
8 內務省の改善事業內容を調査するの件
9 徳川家一門に對し位記返上を勧告するの件
10 綱領一部改正の件
11 水平運動に理解ある他の社會團体と相互援助をなすの件
12 朝鮮の衡平運動と聯絡を圖るの件
13 內地に於ける鮮人同胞の差別撤廢運動を聲援するの件
14 水平運動は政黨政派に超越するの件
15 普選に關する件
16 總選擧に對する件
17 勞農ロシア即時承認の件
18 雑誌『水平』續刊の件
19 地方水平社所在名簿作製の件
20 全國同胞所在地及び水平社同人有志名簿作製配付の件
21 水平運動に依る犠牲者家族救濟の件
22 犠牲者共援の件
23 組織統一の件
24 聯盟本部經濟の確立を期するの件
25 聯盟本部維持の件
26 聯盟本部の經費を各地水平社の負擔となすの件
27 聯盟本部の宣傳費を各地方水平社より醵出するの件
28 社會運動取締法案に反對するの件

注意
議事進行中は各自靜肅に討議の際は絶對に議長の指示を嚴守されたし
議場に於て秩序を紊すものは退場を命ぜらるゝことあるべし

全國水平社

「朝鮮の衡平運動と連絡を図るの件」が可決された「第３回全国水平社大会協議会提出議案」（1924 年）

世界での報道

水平社宣言は日本国内の被差別マイノリティの共感を呼んだだけではなく、世界からも注目されたようです。全国水平社の創立大会から六〇年を経過した一九八二年五月、当時部落解放同盟中央本部統制委員長だった米田富は、福岡県鞍手《くらて》郡で開催された全国水平社創立六〇周年記念講演で次のように語っています。

それから有名な水平社創立の宣言、これは世界的名文という事でアメリカやドイツの新聞がじゃんじゃん書き立てたそうです。私は日本語もよう分らんのですから英語なんか分るはずもないんですけれども、読んだ人に聞きますとね、ニューヨーククロニー、イブニング、タイムズという三紙の中で、日本における始めての人権宣言だという見出しをつけていたそうです。また、日本における特殊部落民の人権宣言と書いた新聞もあるそうです。／（中略）日本は遅れていると思っているのに、水平社というものが出来て、始めて「人権宣言」というべきものを発表したものですから、なかなか大騒ぎになって評判だったそうです。

（米田富「水平社の闘いに学ぶ」『全国水平社創立六〇周年記念講演』鞍手郡民啓発実行委員会、一九八二年）

米田は海外のメディアが水平社宣言を紹介したと証言しています。『同愛』第一八号（一九二四年一二月）には「水平運動の世界化」という興味深い文章が掲載されています。少し長くなりますが、全文を紹介したいと思います。

水平運動の世界化

かの排日問題の喧かましい処として知られてゐる加州のロスアンゼルス東一街三二九から、故国の水平運動に倣つて名も「水平時報」と呼ぶ週間新聞が発刊されてゐます。同紙は彼の地に於ける水平運動の機関紙でありますが太平洋を中に挟んで東西に水平運動の宣伝されてゐる事は、興味ある対照、否、悲痛なるコントラストをなすものと云はなければなりません。同紙は排日法案実施の翌月八月一日から孤々の声を挙げて今や燎原の火の如く発展しつゝあるさうですが、彼の地の水平運動とは果してどんなものでせうか？

次に同紙の発刊の辞を転載してその運動の如何なるものなるかを御紹介したいと思ひます。

『双眸を挙げて世界の大勢を観、仔細に其傾向を案ぜんか、洋の東西を問はず勃然として擡頭し来れる有ゆる社会運動の叫びは、皆之れ水平線上に進軍しつゝある鬨の声にあらざる無きか。女権拡張の叫びは女子の水平線上に男子と比肩せんとするに在り。普選の叫びは無産階級の有産階級と水平線上に政権を享有せんとするに在り。労働運動は人権の上に於て、共産主義は財産の上に於て、共に水平線上の人たらんとするに在り。日本帝国が国際連盟に提唱せる人種平等の主張も亦、人種的水平運動の叫びにあらずして何ぞや。

釈迦が説ける平等も基督が教へたる博愛も皆之れ水平の意義と何等異る所有るに非ず、水平の文字や平易にして其意義や深遠なり。此二文字を採つて以て本紙の上に冠し題して「水平時報」と称す。而して本紙が今後に於ける目標も将に論ぜんとする主張も、此の二文字に尽きて何等余す所あらざる也。

近時故国に水平社なる新団体起り、階級打破の旗を翻し、旧習撲滅の叫びを挙ぐ。其傘下に従属する団員無慮三百万と称せらる。彼等が斯の如き尨大なる団体を組織し奮然として起つて以て其主張を天下に獅子吼するに至る其動機と境遇を洞察するの時、誰れか一掬同情の涙無きを得んや。

今や吾等在米十有余万の同胞は米国及米国民に依り特殊部落民の扱いを受け、法律及社会的に排斥され侮辱され、民族的自負も国民的自尊も根本的に覆され、永久に水平線下に葬り去られんとす。斯の如き境遇に吾人を呻吟せしむる米国及米国民の時代錯誤や横暴なる態度に対しては、常に悲憤の情迸り慷慨の念燃えざる能はず。然れ共翻つて念ふに米国及米国民よりせば吾人在米同胞は米化を疑はるゝ異人種にして且つ異国人たり。然るに水平社員なる者同人種にして而も同国民たる同胞に依り差別的待遇を受くる事久し。何ぞ夫れ矛盾撞着の甚だしき事斯の如くなるぞ。此点に於て彼等の境遇は米国に於ける黒人に過ぎたり。奈何となれば黒人は米国民なりと雖も異人種なればなり。

今や日本及日本人は根本的に覚醒し社会制度に一大斧鉞を加へざる可らず然らずして人種平等を提

げて世界に絶叫するも何等の権威を有するものぞ。僧侶も牧師を倫理学者も暫らく机上の講釈を廃し、一齊に起つて水平運動に参加し水平社の目的遂行に全力を挙げて援助せよ。然らずして百年の説法を続くるも何等の効果か之れあらん。吾人微力なりと雖も四千哩外の異域より遙に応援せん事を期す。茲に水平運動の決意を披瀝し以て発刊の辞に代ゆ。』

ここで、カリフォルニア州南部に位置するロサンゼルスで『水平時報』という週刊新聞が、一九二四年八月一日から発刊されていることが判明します。おそらくこの新聞も在米日本人向けに発行されたと考えられますが、一九二五年二月に発行された『融和』第一巻創刊号には、潮華の「精強の運動」という文章が掲載され、文末に「―The Suihei Jiho-U.S.A.―」と掲載紙が紹介されています。これは先の『水平時報』と考えられます。筆者の「潮華」がどのような人物なのかはわかりませんが、「水平運動は可否の問題でない現存する事実である。唯に現存するのみならず、現存を合理とする素因を以て立脚して居る。自分は此所で、運動の画策なり、方法を述べる必要はない。また知りもしない。それは水平社員の仕事である」と述べていることから、水平社員ではないことがわかります。

外国人が見た部落問題

外国人が見た日本の部落問題や水平社について紹介したものとしては、『孤独な帝国　日本の一九二〇年代―ポール・クローデル外交書簡一九二一―二七』がよく知られていました。一九二一年から一九二七年までフランス駐日大使として日本に滞在していたポール・クローデルは、一九二三年四月二四日付で「ごく最近Etaは、組織の形をとってみずからの要求を訴えることを決定しました。彼らは〈水平社〉という組織をつくり、その創立大会が昨年三月三日に、第二回大会がさる三月二日に京都で行なわれました。日本全国五千二百ある〈部落〉から二千五百人の代表者が集まりました」と全国水平社の創立について触れていますが、水平社宣言については言及しませんでした。

一九二三年三月二一日付の『東亜日報』は、「国家主義者と社会主義者の戦争　奈良連隊から軍隊出動」という見出しで、同月に起こった水国争闘事件を報道しました。その記事のつづきで「水平運動とは何か」と題して、それは日本の革新運動の「先鋒《せんぽう》」だと解説しています。さらに、翌二二日付の『東亜日報』は、「日本の水平運動　階級闘争の一例」と題した社説で、全国水平社の綱領と荊冠旗《けいかんき》を紹介し、荊冠旗を「彼らの一千有余年にわたる骨髄にしみた受難をあらわし、地下に呻吟する幾千万の祖霊をとむらう血戦に殉じることを意味する」と説明しています。

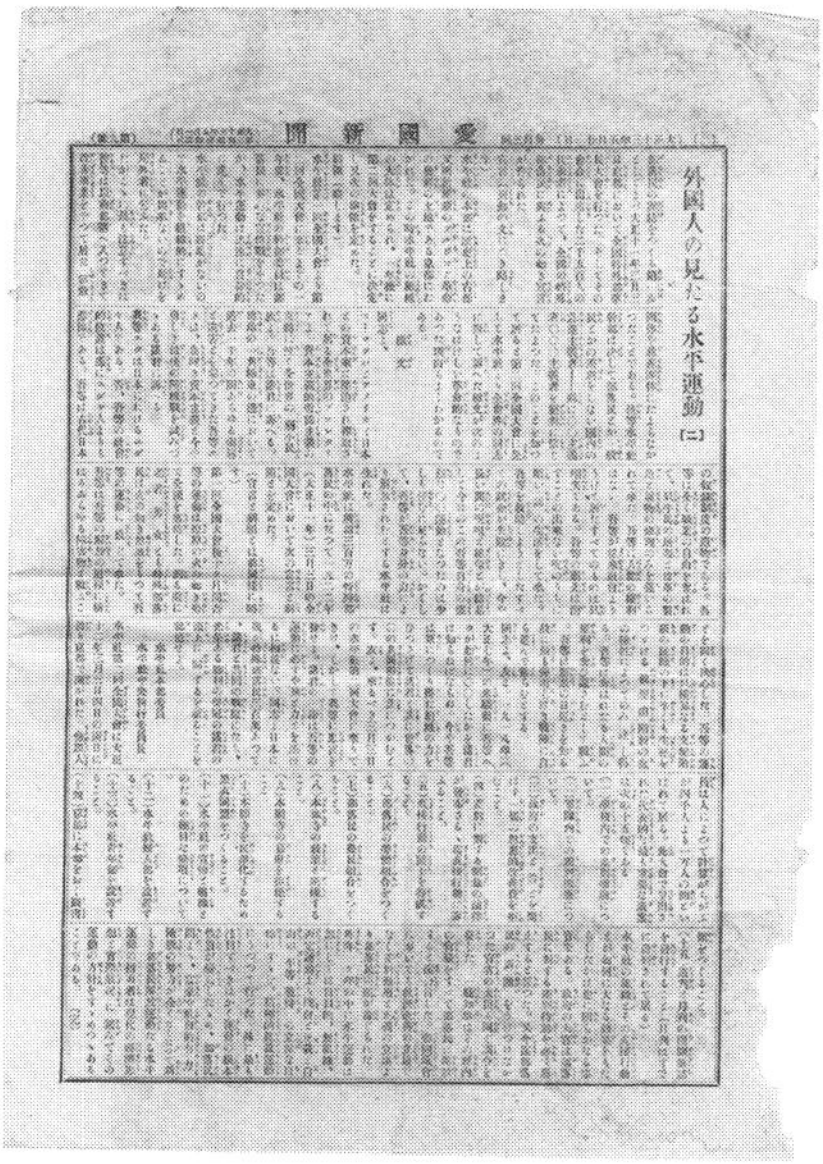
愛國新聞

外國人の見たる水平運動（二）

「外国人の見たる水平運動【二】」
(『愛国新聞』第9号、愛国新聞社、1924年5月21日)

旧ソビエト連邦共産党中央委員会の日刊機関紙『プラウダ』は、一九一二年に創刊されました。そのタイトルはロシア語で「真理」を意味します。一九二三年七月一九日付の『プラウダ』は、「日本の「エタ」たちの運動」「日本の虐げられた民の目覚めと幾多の下層民についての闘争」と題して、水平社について次のように報道しました。

人々は「エタ」を蔑み、物理的嫌悪を感じ、まるで「エタ」が家畜であるかのように軽視して、遠慮なく言語道断の侮辱を投げつける。日本人の大部分は、「エタ」は死んだ家畜から皮を剝いだりゴミや汚物の処理のような不潔な仕事にのみ役立つと考えている。数世紀間続いている「特殊部落民」に対するこのような軽蔑的な態度のせいで、彼らは結局自らの人格の擁護に立ち上がり、社会全体に激しい異議を申し立てざるを得なくなった。彼らは「水平社」(平等の団体)の名の下に特殊な組織に団結して、同権の達成を志向する運動を起こした。

三月二日、京都で第二回水平社全国大会が開催され、二日間続き、数千の参加者を集めた。そこで彼らは「エタ」への軽蔑的な態度に対する闘争手段を練り上げた。

最近、あらゆる新聞は、三月一八日に奈良県のある村で発生した水平社同人と反動団体の国粋会(民族団体)の間の相当大きな衝突についての報道で溢れた。

水平社の運動は現代日本にとって重要な出来事である。政界や新聞雑誌、労働者階級はこの運動に大きな注意を払っている。水平社同人たちが同権に関しての要求について声高に言及した大会と不平等で過酷な状態についての水平社同人たちの公開声明を証拠づける「エタ」と国粋会との衝突は、日本政府を、もちろん、不愉快にさせた。

これらの事実は、明らかに、パリ会議における人種問題に関する日本の博愛と正義についての唱道が、いずれにせよ、偽善的であった、ということを示している。これらの事実は、まさにその唱道がある日本国内において、この点では、すべてがうまくいっていない、ということを明らかにした。労働者階級が水平社運動を支持しているという状況は、水平社に重要な意義を与えた。水平社同人の中に、労働者階級は、ブルジョア階級と資本家との闘争における強く組織された同志を得た。

一九一九年に開催されたパリ講和会議で日本は人種差別撤廃案を提議しましたが、『プラウダ』は、部落差別の存在が日本のそれが「偽善」であることを証明していると指摘しました。

福岡県生まれの融和運動家・中村至道《なかむらしどう》（一八九三－一九六〇年）の手による「大正の琵琶歌其後の消息とサンフランシスコ・クロニクル」（『中央融和事業協会々報』第二巻第四号、一九二七年六月）には、「春まだ浅き如月の／北風すさぶ霜の夜を／顔青ざめし二人連れ／何を思案のすゝり泣き」で始まる、琵琶歌《びわうた》が紹介されています。この琵琶歌は、群馬県の資産家の息子と水平社員の娘の「結婚哀話」をうたったもので、「（俗謡）血統の涙」と題され「悲恋大正の琵琶歌」として新聞紙上に紹介されたようです。そこに詠《よ》まれた二人の恋は、次のような結末となります。

「二人の奇しき運命は／人事ならぬ神様の／四海兄弟の御教へに／結ばんものと生れたり」
「されど菊夫の両親や／あまた無理解な人々の／きつい結婚反対に／二人の心は乱れたり」
「二人は闇を幸に／或る夜ひそかにぬけ出て／我等が生きる神聖の／恋の殿堂築かんと」
「故郷を後に安住の／土地を求めてさすらひの／変らぬ恋を誓いつゝ／悲しき路をさすらはん。」

この琵琶歌に関して中村は、「当時サンフランシスコ・クロニクルに次の様な記事が掲載せられた」と、一九二五年六月二八日付の『サンフランシスコ・クロニクル』の記事を翻訳し、紹介しています。「社会線を引かぬ若き日本／婚姻上の因襲打破と身分の度外視」という見出しが付けられたその記事は、群馬で起きたこの結婚差別事件について「日本の青年男女が日本特有の社会的障壁を跳越える事件」と報道しました。

また、「賤まれる被虐者の階級水平社」の見出しで、「日本国内に於て、これまで数百年の永い間に亘つて賤まれて来たる被虐者の階級なるが故に、彼等が何故そんなに嫌悪されるのであるかの確乎たる理由を―聞かれても―恐らく多くの日本人は答ふる事が出来ないであらう」と、部落差別の原因が不明であると説明しています。さらに「一八七一（訳者註明治四年）まで水平社は人間以外のものとされて居て、其氏名は戸籍に登録されなかつた」と、部落民が置かれてきた状況を述べています。

米田が言う「ニューヨーククロニー」とは、この『サンフランシスコ・クロニクル』のことなのかも知れません。

全国水平社の創立大会を報道し、さらに水平社宣言の内容にも触れた海外メディアは、一九二七年一二月二八日付の『The Times』でした。「OUTCASTS IN JAPAN.（棄てられたる者）／THE HONOUR OF THE "ETA."（穢多の誇り）／A CLASS IN REVOLT.（反抗の階級）」の見出しで始まるこの記事の全文と日本語訳は、中央融和事業協会が一九三〇年七月一五日に発行した『融和事業研究』第一一輯に「ロンドン・タイムスに現われたる部落問題」として掲載されていました。しかし、原典記事と照合すると、二八日の記事を「十八日」、「HONOUR」を「Honowr」と表記するなどの誤りが確認できます。

『The Times』はその記事で、水平社の指導者・北原泰作《きたはらたいさく》（一九〇六–一九八一年）が一九二七年一一月一九日に、軍隊内での差別待遇に抗議する訴状を掲げて天皇に直訴した事件を掲載し、この事件に関連して部落差別の歴史や現状に触れるとともに、水平社の創立を次のように紹介しています。

一九二二年三月、穢多部落の代表者二五〇〇人が京都で大会を開き、文字通り、「水平」な「社会」を意味する「水平社」を結成した。その綱領では、部落民が団結した運動により解放を獲得するという姿勢を明確にし、経済の自由、職業の自由を要求することや、部落民が権利を主張することが雄弁に謳われた。

〝我々の祖先は自由と平等を求める勇敢な戦士であり、産業の殉教者となってきた。社会から貶められる代わりに動物の皮を剥ぎ、その代償として自らの皮をも引裂かれた。彼らは嘲笑を浴びせられ、呪われ、唾を吐きかけられることに果敢にも耐えてきたのだ。今こそ我々は立ち上がり、額から犠牲者の烙印を取り去るのだ。〟

水平社は宣言だけに頼ろうとはしなかった。彼らは以下のような決議方針を発表した。

〝もし我々が穢多や特殊民の名のもとに言葉または行動による侮辱をうけた場合、差別者に対し断固たる糾弾の手段を踏む〟

この新しい結社の旗には、血のように赤い背景に荊の冠という、他に類を見ないような図案を用いた。そしてマルクスの言葉をスローガンに言い換えている。「六〇〇〇の部落に住む三〇〇万人の同胞たちよ、団結せよ。自らを解放する時が来たのだ」と。

（『The Times』 1927.12.28）

このように記事は「宣言」や「決議」の一部を紹介するとともに、実際には黒地に赤の配色を誤って記述していますが、荊冠旗についても紹介しています。

英訳された水平社宣言

現在発見されている資料で最も早く水平社宣言の英訳を掲載した海外メディアは、一九二三年九月五日に発行された『The Nation』の「Vol.117, No.3035」です。「Japan's Untouchables By GERTRUDE HAESSLER」と題されたこの記事の日本語訳が、三重県水平社と日本農民組合三重県連合会が合同で発行していた機関紙『愛国新聞』の第八号と第九号に、「外国人の見たる水平運動［一］［二］」として掲載されています。記事には「下文は昨年九月五日の米国の雑誌「ネーション」にのつて居た文章を翻訳したのです。ネーションは米国でも一流の立派な雑誌です。／外国でどんな風に水平運動をみて居るかを知ることも諸君の御参考になるだらうとおもつて、少々古い材料ですがのせます。尚文中のある記事は間違つて居る点も改めない方が興味があるとおもつてそのまゝ、のせました」と前置きされ、全国水平社の創立大会などが紹介されています。

『愛国新聞』の日本語訳では「部落民の団結をつくる第一歩としてまづ大正十一年三月三日京都において全国特殊部落民大会を行つた。そしてその会合に出席した二千五百人の代表者によつて、全国の特殊部落民に与ふる次の如き宣言が作られた。／宣言（周知の文につき略します）」と水平社宣言は省略されていますが、『The Nation』には英語に翻訳された水平社宣言が掲載されていました。さらに遡れる可能性はあるものの、現時点ではこれが英訳された水平社宣言の初出です。

『The Nation』が綱領を紹介していることにも注目ですが、全国水平社創立大会の参加者を「二千五百人」と記している点にも注目です。前述のポール・クローデルも創立大会の参加者を「二千五百人」と記していました。日本の新聞は、「差別撤廃を目的とする水平社創立総会を三日午後一時京都市公会堂で開会、出席者二千に及び多数の女性も混つて頗る盛況」と報道したり、「来会者は堂に満ち、其中に数多の女性も交じっていた」と収容人員三〇〇〇人の京都市公会堂が満員になったという報道をしたりしていました。また、主催の水平社も『水平』第一巻第一号に「創立大会は茲に円満なる終了を告げ全国より会集した三千有余の人々は再び三度エタ万歳、水平社万歳を高唱した」と報告しています。しかしどの記事を見ても、二五〇〇人と報じた記事はないのです。『The Nation』やポール・クローデルは何を根拠に「二千五百人」と記したのでしょうか。

全国水平社が創立され、同年七月に『水平』第一巻第一号が出版されるまでに、平野小剣の編集による水平社パンフレット『よき日の為めに（綱領概説）』が四月に発行されています。平野はそこに「本年三月三日京都市岡崎公会堂におきまして、全国水平社創立大会を開催きました（中略）／此の大会にお参会りになりましたのは、関東、東海、近畿、中国、四国、九州の各地に散在し、居住されて居りまする吾々同族の兄弟姉妹の代表者と、有志諸君とでありました。その人員実に二千五百有余名、曾つて見ざる吾々同族の歴史あつて以来の頗る緊張した、盛大なる会合でありました」と、参加者数を「二千五百有余名」と公表しているのです。

『水平』第一号と水平社パンフレット『よき日の為めに《綱領概説》』の参加者数の齟齬《そご》はどのような経緯で起きたのか、なぜ平野が「二千五百有余名」と公表したのか、疑問は尽きず興味深いところです。この平野が公表した数字が影響したとすれば、ポール・クローデルや『The Nation』の記者は平野と何らかの関係や接触を持っていたとも考えられますが、いまのところ詳細は不明です。

『愛国新聞』第八号、第九号に掲載された日本語訳を見ると、先の『The Nation』の記事は、一九二三年三月に水平社と国粋会が衝突した水国争闘事件や、一八七一年に発布された「解放令」以前の部落民の生活について「職業」「社会的の活動」「住居」「結婚」「宗教」「運動の自由」「服装」の視点から紹介し、さらに全国水平社の創立から第二回大会までの状況について報じています。

その中で『The Nation』は、「水平社の幹部は経験がないので水平運動を組織的にすゝめることが出来ないので助けを局外者に乞ふた。／だがこゝに最も注意すべきは彼等は以前部落へ入つてきて改善事業をやつて居た宗教団体や慈善団体にたよらなかつたことである。彼等水平社幹部は決して部落民とか一般民とかの差別をしない国内の急進主義者―殊に○○主義者○○○主義者を絶対に信じたよつた。このことを知つて居ると第二回全国大会に先ちて水平社より全世界の同志に対して訴へた檄文が次のようなはげしい革命的なものであつた理由もよくわかる」として、全国水平社が発した「檄文」を掲載しています。訳文では「〇〇」と「〇〇〇」は伏せ字になっていますが、それぞれ「communists」「anarchists」と確認でき、「共産主義者」、「無政府主義者」と判明します。長くなりますが興味深い資料なので、その「檄文」の全文を紹介します。

檄文

同志よ、
ヨーロッパとアメリカと日本との資本家に圧迫され搾取されて居る全世界のプロレタリアよ。資本主義的帝国主義の束縛に泣く全世界の弱小民族よ。吾等は諸君に訴へる。地球の一角極東の邊において過去一千年の間あらゆる侮辱と迫害とを蒙つてきた吾等エタは、血腥き資本主義と今や勇しき最後の階級戦を試みつゝある諸君に訴へる。
我等エタは日本におけるユダヤ人である。否、吾等の社会的位置は遙にユダヤ人よりも悲惨である。吾等は古代日本の奴隷制度の遺物である。吾等は全く職業の自由を奪はれて、只牛馬の屠殺と皮革の製造と履物の修理のみを強いられて来た。吾等に人間の権利はない。吾等が従来社会よりうけて居たすべてのものは只嘲笑である。吾等の祖先は消すことの出来ない呪のうちに暗い諦の生活をして来た。吾等を救助しようとしたすべての試企が失敗にきし、今や長い間の呪詛と絶望とが結晶して今日のこの吾等自身の強烈な〇〇運動となつたのは少しも怪むに足らない。かくして、吾等が吾等身分の力により解放されむとする水平社は生れた。
水平社は所謂三百万の特殊部落民の中にたつて一九二二年（大正十一年）三月三日の全国大会において

次の宣言と綱領とを定めた。

（宣言と綱領とは前同様に略す）

第一回全国大会後十ヶ月間吾等の運動は燎原の火の如き勢で全国を席捲した。致る処に老若男女とも特殊部落民は火の如き熱誠をもつて吾等の運動に投じて来た。

吾等は吾等の解放の道程に横はるあらゆる障害物と戦ふことを固く決心した。吾等の運動の目的は只横暴なる支配階級の蹂躙の下に辛くも生存をつゞける被圧迫階級の血の犠牲によつてのみ達し得る。吾等は奪はれたる人間の権利を奪ひ還さむとして戦ふ。吾等は解放の日近きを知る故に最も弾雨しげき戦陣に自ら進んで当らむとする。

同志よ、友よ。一九一八年（大正七年）の米騒動に吾等エタが如何に◯◯したかを諸君は知らねばならぬ。今や吾等は新につくり得た組織の力をひつさげて諸君と共に世界◯◯の共同戦線に共につかむとす。友よ、来るべき三月三日の水平社第二回大会に来りてきけ、しかして我等に忠言を発せよ。諸君の一語は吾等の運動に必ずや熱と力とを添ゆるに相違ない。同志よ日本に我が特殊部落民三百万あつて、諸君と共同の戦線にたち、光栄ある勝利の栄冠の諸君の頭上に帰するを祈ることを記憶せよ。

水平社本部委員
水平社中央執行委員長

「檄文」の内容と「第一回全国大会後十ヶ月間吾等の運動は燎原の火の如き勢で全国を席捲した」の箇所から発行時期などを推測すると、一九二二年一一月から一二月にかけてモスクワで開催された共産主義インターナショナル（コミンテルン）第四回大会で、水平社はこれを訴えた可能性が高いと思われます。ここでも省略されているものの、いずれにせよこの「檄文」とともに創立大会で採択された水平社宣言と綱領が「全世界の同志」に向けてアピールされていたことが確認できます。

さて、日本で初めての「人権宣言」と言われる水平社宣言ですが、『The Nation』ではどのように英訳されたのでしょうか。

『The Nation』掲載の水平社宣言

DECLARATION

People of the Special Communities throughout the country, unite!

Brothers and sisters, who have long been oppressed, you know that the failure of all the reformative undertakings attempted by many men for the last half century should be taken as due punishment for the deflement of humanity by us and others, and that all the philanthropic movements hitherto undertaken among us have further degraded us. Then, it is but natural that there should appear an organized movement which endeavors to emancipate us by our own deeds of self-respect.

Brethren, our ancestors were believers in liberty and equality. They were the victims of a class rule. They were the exploited of an industrial system. They were skinned in recompense for their work of skinning animals; their hearts were ripped out as a fee for their work in the slaughter houses; and then they were spat at and were laughed at. Yet, even through this long cold night of cursed

dreams, the fine human blood has kept its flow, and now we, who have been born of this blood, have come to live in an age when men may turn into gods. The time has come when the oppressor shall be vanquished, and the victim with the crown of thorns shall be blessed.
The time has come when we may be proud of being the Eta!
We must not, therefore, insult our forefathers or defile humanity any longer by our cowardly deeds or words; but we, who know well enough how cold the world is and how useless charity is, should now aspire for the real light and heat of life.
The Suihei-sha has come to exist thus.
Let there be heat and light!

『The Nation』では、水平社宣言の結び「人の世に熱あれ、人間に光あれ」が、「Let there be heat and light!」と英訳されています。熱が「heat」と訳されている点は少し違和を覚えるところですが、これについては後に触れることにします。

二〇二三年一〇月現在で、アメリカやイギリス、ロシア、朝鮮のほか、アイスランド、イタリア、オーストラリア、オーストリア、カナダ、コロンビア、スイス、スペイン、ドイツ、ニュージーランドで水平社に関する記事が確認されています。

海外メディアがどのような出来事に関連して部落問題を報道しているのかを整理すると、水国争闘事件の関連、「排日移民法」の関連、北原泰作天皇直訴事件の関連に大別されます。記事の件数にほとんど差はありませんが、違いは紙面の大きさに現れていて、北原泰作天皇直訴事件を端緒として報道される部落問題や水平社運動についての記事が圧倒的に大きく取り扱われ、事細かく丁寧に部落問題を紹介しているのです。このことは、天皇への直訴というこの事件が欧米人にとっても衝撃的な出来事であったとともに、欧米人が、当時の日本の絶対的統治体制である天皇を君主とする日本独自の国家権力機構に関心を示していたことを物語っています。

つまり、明治維新により樹立された天皇を中心とした中央集権国家は、市民革命により建設された近代国民国家でもなく、西欧のような封建領主の絶対君主化による絶対主義国家でもなかったため、欧米人に興味を持たせたということでしょう。言い換えれば、どのような覇権や実権を掌握した者も廃棄をしない、また、いずれの時代においても崩壊もしないこの日本独自の近代天皇制による国家体制は、欧米人には不可解なシステムであり、世界に類を見ない特異な支配体制に感じられたということでしょう。要するに、欧米人は、天皇制というフィルターを通して部落問題や水平社運動を見ていたと考えられます。

Ⅱ　水平社宣言の真髄

1　「綱領」「宣言」「則」「決議」の一体性

「綱領」により自由の行動

全国水平社創立大会で可決された水平社宣言は、日本で初めての「人権宣言」として高く評価され、それだけが単独で注目を集めてきた感があります。ですが、全国水平社創立の理念や思想は、水平社宣言だけで表されるものではありません。創立大会で配布された両面刷りの史料には、「綱領」「宣言」「則」「決議」の四つが印刷されていますが、それらは単独で意味を持つと同時に、それら四つが関連し合って全国水平社創立の理念や思想を表しています。それでは、ひとつひとつ確認しながら、全国水平社創立の理念を見ていきましょう。

まず「則」を見てみましょう。「則」は全国水平社の規則で、組織のルールをまとめたものです。七項目と非常に簡略なものですが、第六項に注目してください。そこには、「六、各地方水平社ハ全国水平社綱領ニ依リ自由ノ行動ヲ取ルコト」とあります。地方水平社は「綱領」に掲げられた目標を基盤に据えながら、それぞれ地元の状況に合わせて自由に運動を展開すればいいと定められています。

つまり、水平社が組織として最も重要視したものは「綱領」だということです。では、ここでもう一度水平社の目標を示した「綱領」を確認してみましょう。

綱領

一、特殊部落民は部落民自身の行動によつて絶対の解放を期す
一、吾々特殊部落民は絶対に経済の自由と職業の自由を社会に要求し以て獲得を期す
一、吾等は人間性の原理に覚醒し人類最高の完成に向つて突進す

「綱領」の第三項は非常に重要です。お気づきになったでしょうか。綱領の第三項だけ何かが違っています。綱領の主語に注目してください。第一項と第二項は、「部落民」が主語になっていますが、第三項だけは「吾等は」で始まっています。つまり第三項の「吾等は」という表現には、差別―被差別の関係性を超えて、人間みんなで、人間みんなが、という意味が込められているということです。第二項の綱領の主語が「吾々特殊部落民は」とあるように、部落の側に向かって言う場合は「吾々」と表現しています。つまり「吾等」と「吾々」が使い分けられているのです。水平社宣言においても「吾々」と「吾等」は区別して使用されています。

全国水平社創立の思想

ここでもう一度水平社の「綱領」と「宣言」を巻頭口絵の写真で確認し、「綱領」と「宣言」のタイトル

に注目して見てください。同じスタイルで書かれていることがわかります。また発信年月と発信主体が共通で示されていることも確認できます。つまり、この「綱領」と「宣言」の発信年月は「大正十一年三月」で、発信主体は「水平社」ということがわかり、「綱領」と「宣言」の二つは一体のものとして捉える必要があるということがわかります。「綱領」に掲げた目標を、もう少し詳細に理念として発信したものが「宣言」ということでしょう。

ということは、「綱領」の「部落民自身の行動によつて絶対の解放を期す」や、「吾等は人間性の原理に覚醒し人類最高の完成に向つて突進す」の内容が「宣言」に示されているということでしょう。人間性の原理に覚醒するとはどういうことなのでしょうか。この点についてもゆっくり考察していきましょう。

その前にここでもう一度、水平社宣言を読んでみましょう。ぜひ音読されることをお勧めします。なにかお気づきになったことはあるでしょうか。

実は水平社宣言には「差別」という言葉は一度も使われていないのです。「差別」という語は使ってはいませんが、水平社の創立者たちは、「長い間虐められて来た」「人間を冒瀆されてゐた」「下らない嘲笑の唾まで吐きかけられた」など、これまでに受けてきた差別的な扱いをさまざまに表現しています。逆に水平社宣言で最も多く使用されている語句が「人間」で、一〇回も登場します。語句の使用頻度からも水平社が何を大事にしようと訴えかけていたのかは明白です。

全国水平社は崇高な理念を水平社宣言で発信しましたが、理念を共有したとしてもそれだけで目標が達成されるわけではありません。それを実現するための実行力や、具体的な課題に対する取り組みが必要です。「綱領」や「宣言」に示された目標や理念を実現するための実行力が「決議」に示されています。その中でも水平社の中心的な活動となったのが、「決議」の第一項に示された「吾々ニ対シ穢多及ヒ特殊部落民等ノ言行ニヨッテ侮辱ノ意志ヲ表示シタル時ハ徹底的糺弾ヲ為ス」という「糺弾《きゅうだん》」です。

人間の尊厳と平等の実現をめざす水平社にとって、差別はそれらを否定する行為です。「吾々がエタである事を誇り得る時が来た」と訴え、部落民アイデンティティが肯定される社会を実現するという水平社の目的を達成するために、それを否定する部落差別を許さず、差別とは徹底的に闘うという決意がそこには込められています。つまり、「決議」で可決された「糺弾」はあくまでも水平社の目標を達成し、理念を実現するための手段であって、決してそれが目的というわけではないということです。

少しまとめると、水平社の組織運営のルールを定め「綱領」を最重要と位置づけた「則」、水平社の目標や理念を謳《うた》いあげた「綱領」と「宣言」、その理念を実現するための実行力としての「決議」、この四つが関連し合って、水平社の創立された思想を表しているのです。

2　水平社宣言を読み解く鍵は「わしはルシファー」

水平社宣言の魅力

水平社宣言には水平社創立の理念が集約されていますが、仏教用語が使用されていたり、西洋思想も取り入れられていたり、また、日常聞き慣れない単語も使用されたりしています。そのため読んでいると、ところどころでクエスチョンマークが頭に浮かんできたり、またこうした意味だろうか、はたまたこういう解釈ができるのではないだろうかと想像力を掻《か》き立てられたり、そんな感覚を覚えることはないでしょうか。

私などこれまでに音読したり、黙読したり、数えきれないほど水平社宣言を読んできましたが、それでも意味を捉えきれない箇所があり、水平社宣言の解釈には頭を悩ませています。

たとえば、「これ等の人間を勦るかの如き運動は、かへつて多くの兄弟を堕落させた」とありますが、なぜ部落民が堕落させられてきたのでしょうか。創立者たちは何を堕落と考えていたのでしょうか。「人間を勦《いたわ》る」という表現も意味深に感じられます。その他にも「吾等の中より人間を尊敬する事によつて自ら解放せん」や、「呪はれの夜の悪夢のうちにも、なほ誇り得る人間の血は、涸れずにあつた」などといった表現も、さまざまな解釈ができますし、またいろいろと想像を膨らませることのできる文章だと感じています。

中でも最も頭を悩ませたのが、「この血を享けて人間が神にかわらうとする時代にあうたのだ」という表現です。人間が「神」にかわるとは、どういう意味なのでしょう。変わる？　代わる？　替わる？「かわらう」にはどの漢字があてはまるのでしょうか。あるいはそのいずれでもないのでしょうか。前触れもなく唐突に「神」が登場するので、はっきり言ってまったく意味がわかりませんでした。ただ、その次に「荊冠を祝福される時が来た」と出てきますので、この「神」の解釈にはキリスト教の思想が関係しているのでは、という漠然とした想像がつく程度にしか意味を取ることができていませんでした。ここまでクエスチョンマークが多くなってくると、水平社宣言を一読しただけでそこに込められた理念や思想をすべて解釈できる人は、水平社の創立者たちを除いては誰もいないのではないかと感じてしまいます。

特に水平社宣言を締めくくる最後の一文「人の世に熱あれ、人間に光あれ」に込められた水平社創立者たちの思いについては、いろいろな解釈が可能だと思うのです。そのフレーズの発案者は西光万吉《さいこうまんきち》ですが、西光自身がその意味を明瞭に示した資料を残していないので、真意を知る術《すべ》がないのです。この文言に込めた思いを水平社創立当時の西光が何らかの形で遺《のこ》しておいてくれればこれほど頭を悩ませずに済んだのに、と思ったところで詮無い話なのですが、思わずにはいられません。

水平社の創立者たちが求めた「熱」と「光」は、「心から人生の熱と光を願求礼讃する」の一節にも使用されています。「願求《がんぐ》」や「熱あれ」「光あれ」といった表現から、「熱」と「光」には水平社創立者たちの願いや希望が込められていることは明白なのですが、水平社宣言から推察するにはあまりにも情報が少ないのです。創立者たちはどのような「熱」を求めていたのか、「光」とは何を意味しているか非常に気になるところですが、漢字一文字で「熱」や「光」と表現されているため、それは受け止める個人の感性によってさまざまな意味合いに変化します。たとえば「熱」は、情熱や、また物事を成し遂げるエネルギーを想像させたりします。また「光」も、明かりや希望、輝きなどを連想させたりします。逆に言うと、だからこそ「人の世に熱あれ、人間に光あれ」というフレーズは魅力的なのでしょう。個人個人によって、また同じ個人であったとしても水平社宣言に触れる時の心情の違いによってさまざまな受け止め方や感じ方ができる、そうした新鮮さや多様性を含んでいるところが水平社宣言の魅力と言えるのでしょう。

「『真理』の光」

西光がキリスト教や親鸞の教えに大きな影響を受けていたことは、これまで多くの研究者が言及してきましたが、「熱」と「光」の正体を解くうえで最大のヒントとなるのが西洋思想と仏教思想を織り交ぜて西

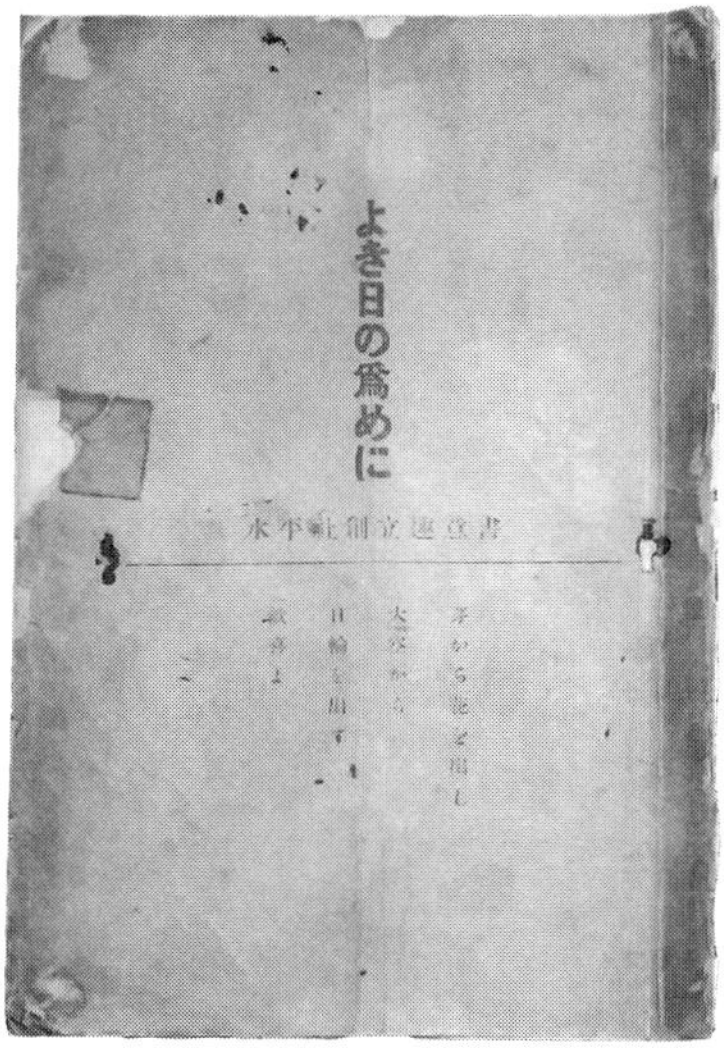

水平社創立趣意書『よき日の為めに』
（1922年2月）

光が執筆し、一九二二年二月に「水平社創立発起者」の名で発行された水平社創立趣意書『よき日の為めに』でしょう。「水平社創立趣意書」として発行されたそれには水平社創立者たちの願いや思いがまとめられていることに間違いなく、それを読解できればこの謎解きもすぐに解決しそうなのですが、その文章が西光独特の表現や難解な言い回しで構成されているので、その真意にたどり着けそうでたどり着けないのです。まさに、とほほといった感じです。

とは言え、泣き言を並べていても埒《らち》が開かないので、根気強く『よき日の為めに』を読解し、水平社の創立者たちは「人の世に熱あれ、人間に光あれ」の一文にどのような願いを込めたのか、その謎解きに挑戦してみましょう。

そうして考えると、『よき日の為めに』には随分前から気になっていた文章があります。それは「わしはルシファー！」から始まる『よき日の為めに』の巻頭言です。その巻頭言がこれです。

わしはルシファー！
お前達の幸福を望み、お前達の苦痛を悩むところの光を齎すものだ、太陽の回帰を告げる暁の新しい星を御覧！あれがわしの星で、あの上に「真理」の光を反射する鏡が懸つてゐる。

ここには「ルシファー」なる存在が登場し、さらに「光を齎《もたら》す」、「『真理』の光を反射する」と、「光」が二回も登場します。これは興味深いですね。この文章に登場する「光」が、「人間に光あれ」と無関係とは思えません。それどころか、水平社創立趣意書の巻頭言に表現されているこの「光」こそ、水平社創立者たちが望んでいた「光」なのではないでしょうか。ルシファーがもたらす「『真理』の光」とはどのような「光」なのか、また、この「ルシファー」とはどのような存在なのか、ますます興味がそそられます。

さらにこの「ルシファー」は、西光が「西光寺一」のペンネームで書いた「△鐘によせて」にも登場します。この文章は、水平社創立直前の一九二二年一一月に発行された『警鐘』第二巻第一一号に掲載されたもので、研究者が指摘してきた通りキリスト教の思想との関連を連想させる、次のような一節が出てきます。

黎明に鐘がなる
追放されたるイブとアダムは、
悲嘆と当惑の頭をあげる、
そこから親鸞が同行し
ルシファーの蛇が案内する、
地獄のかなた、人間の浄土よ――

（西光寺一「△鐘によせて」）

西光はここでルシファーを蛇の姿で登場させています。さらに「イブとアダム」が登場しています。これはもちろん『聖書』に登場するあの二人のことです。それに「イブとアダム」に関連する「蛇」というと『聖書』のあの場面が思い浮かんできます。さらに、「親鸞が同行」「人間の浄土」と仏教の思想が出てきます。ここに「熱」と「光」にせまるヒントがありそうです。つまり『聖書』と浄土真宗の教えということになるのではないでしょうか。

「人の世に熱あれ、人間に光あれ」の真意にせまる謎解きに、少しだけ光が差してきたような感じがします。水平社宣言の起草者であり「熱」と「光」が表現されている二節を執筆した西光の水平社創立当時の文章を主軸として、添削者である平野小剣《ひらのしょうけん》の同時代の文章も検証しながら、水平社宣言の核心にせまってみましょう。

3 「兄弟よ」とは誰への呼びかけか

「兄弟」＝「特殊部落民」＝「吾々」

それでは、水平社宣言に謳われた理念の真髄にせまってみましょう。

その前にひとつ、「兄弟よ」について言及しておきたいと思います。冒頭の「全国に散在する吾が特殊部落民よ団結せよ」に続けて、「長い間虐められて来た兄弟よ」との呼びかけがあります。「姉妹」が表記されていないということから、水平社創立者たちには女性の視点が欠落していたと指摘されることがあります。やはりここは「兄弟姉妹よ」と呼びかけるべきところでしょうと、「姉妹」の表記がないことについては私も疑問を持ってしまいます。ただ、表記上は「兄弟よ」となっていますが、意味合いとしてはどうでしょうか。この「兄弟よ」との呼びかけには女性は含まれていないのでしょうか。まず「兄弟」を『広辞苑』第六版（岩波書店、二〇〇八年）で調べてみましょう。

男きょうだいの「兄（あに）弟（おとうと）」を音読した語だが、姉妹にもいう

①同じ親（または片親）から生まれた者。また、その間柄。けいてい。
②結婚などの結果、同じ人を親とする関係になった（夫婦以外の）者。義理のきょうだい。
③入門や組入りなどで、兄弟同様の関係にある人。盟友。同志。同信者。
④男同士が親しんで呼ぶ称。

「男同士が親しんで呼ぶ称」との意味があり、やはりと思われるかも知れませんが、「姉妹にもいう」との前置きや、「同志」という意味があることも確認できます。もちろん辞書に「姉妹にもいう」という意味があるからと言って、「兄弟よ」の表現に「姉妹」も含まれているという根拠にはならないことは言うまでもありません。

ただ、水平社宣言をよく読むと、この「兄弟よ」との呼びかけは、冒頭の「全国に散在する吾が特殊部落民よ団結せよ」にある「特殊部落民よ」の言い換えであることが明らかです。ということは、「兄弟よ」＝「特殊部落民よ」となるはずです。さらに「綱領」の第二項を思い出してください。そこには、「吾々特殊部落民は絶対に経済の自由と職業の自由を社会に要求し以て獲得を期す」とありました。

先に「綱領」と「宣言」は一体のものだと確認しました。「吾々特殊部落民」との表現から、「吾々」＝「特殊部落民」となります。ということは、「兄弟」＝「特殊部落民」＝「吾々」という図式が成り立つはずです。「兄弟よ」に女性が含まれていないとなると、冒頭の「全国に散在する吾が特殊部落民よ団結せよ」との呼びかけにも女性は含まれないことになります。

さらに、「綱領」の第一項「特殊部落民は部落民自身の行動によつて絶対の解放を期す」、第二項「吾々特殊部落民は絶対に経済の自由と職業の自由を社会に要求し以て獲得を期す」にも「特殊部落民は」とありますので、ここにも含まれないことになってしまいます。加えて言うと、第三項の「吾等は人間性の原理に覚醒し人類最高の完成に向つて突進す」の「吾等」にも女性は含まれないということになってしまいます。

「決議」の第一項にも「吾々ニ対シ穢多及ヒ特殊部落民等ノ言行ニヨツテ侮辱ノ意志ヲ表示シタル時ハ徹底的糺弾ヲ為ス」とありました。「兄弟」＝「特殊部落民」＝「吾々」を前提として、「兄弟」に「姉妹」が含まれないとなると、この「吾々」にも女性は含まれないということになるでしょう。ということは、部落の女性が差別を受けた際には水平社の糺弾の対象外ということになってしまいそうです。

性別を問わず親愛を込めた同志よとの呼びかけ

「全国水平社創立大会へ‼」のチラシ（七四ページ）にも、「男女何れを問はず奮つて参集せられたし」とあったように、水平社の創立大会への参加は女性にも呼びかけられていましたし、もちろん女性も参加していましたので、女性がその主体に含まれていなかったとは考えにくいところです。創立大会終了直後に開催された各地代表者演説では、大阪の岡部《おかべ》よし子《こ》（一八九六？―一九四八？年）が「婦人代表」として登壇し、次のように演説しています。

婦人代表岡部よし子君、朱唇を衝いて迸る鋭鋒は、対外的には圧迫虐待の不合理を責めて完膚なからしめ、対内的には部落婦人の覚醒を叫び、スパルタ武士の母よ出でよ、ジャンダークの如き娘いでよ、と結ぶや又々堂を圧する拍手起る。

（「全国水平社創立大会記」『水平』第一巻第一号、一九二二年七月）

岡部ヨシ子（大阪）今日は我等の理想的団体を作りし紀元節である、我等の進路には幾多の障碍あるかも知れぬ或は蜜の如き誘惑があるかも知れぬが、我等は明るき日の光に浴するためには勇往邁進せねばならぬ、我等の熱と炎によりて全世界の悪風を掃はねばならぬ

※原文カタカナ表記

（三好伊平次による全国水平社創立大会の「復命書」『水平社博物館研究紀要』第一三号、二〇一一年三月）

岡部は水平社の「婦人代表」として演説し、部落の女性たちにも覚醒するよう呼びかけています。言うまでもなく岡部が訴える「覚醒」は、「綱領」第三項の「人間性の原理に覚醒」ということでしょう。また「我等の」や「我等は」と呼びかけていることを考えると、女性である岡部自身も水平社運動の主体であることを自覚していることがうかがえ、その呼びかけには当然女性も含まれていると解釈できるでしょう。

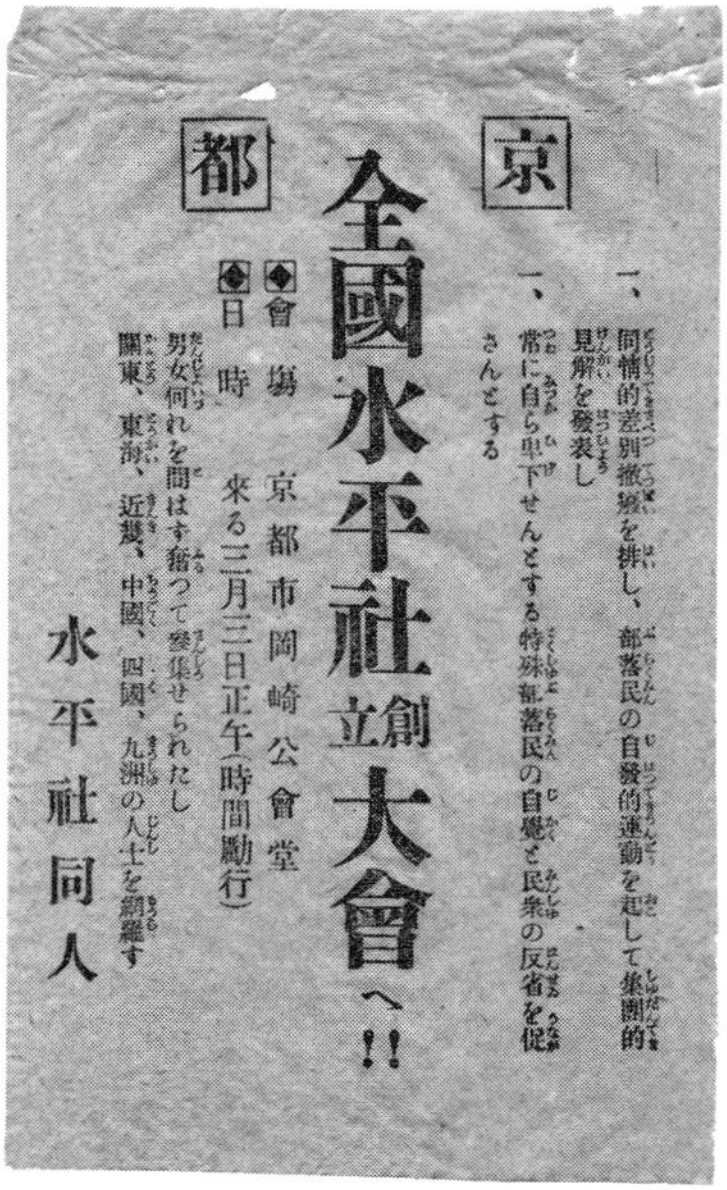

チラシ「全国水平社創立大会へ!!」（1922年）

また、ここで英訳された水平社宣言を思い出してほしいのですが、「兄弟」は「Brothers and sisters」と訳されていました。つまり水平社宣言の「兄弟」は、「sisters」＝姉妹も含んだ表現であることが汲《く》み取られて訳されています。

こうしたことを考えると、水平社の綱領や宣言で使用されている「吾々」「吾等」「特殊部落民」「兄弟」といったいずれの表現にも女性が含まれていると考えられるのではないでしょうか。「兄弟姉妹」とは表記されませんでしたが、水平社創立者たちは親愛を込めて、同志よ、との思いから「兄弟よ」と呼びかけたのだと考えられます。

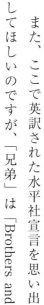

次に紹介するのは、一九二二年七月発行の『水平』第一巻第一号に掲載された滴水生の「自ら覚れ」という文章です。「滴水生」が誰なのか判明しませんが、次のように呼びかけられています。

（一）

祖先より現在の吾等に至るまで、吾々に加へられたる侮蔑、擯斥、迫害に対して吾々はあまりに柔順であつた。吾々の祖先のあまりに意気地がなかつた結果、人間としての、すべてのものを奪はれたのである。総ての生物が此の世に来た以上、生きんとする本能を持つてゐる。獣は獣として、鳥は鳥としての本能に生き満足してゐる。生物のすべてが斯くあるにも拘はらず、万物の長たる人が、その正当なる権利の主張をもなし得ず尚平然たるとは何ごとぞ。

眠れる兄弟よ！　醒めよ。

（二）

今日まで吾々のために、所謂解放を語つた人、或はそうしたことを著述した人もあつた。それ等は虐げられた吾々の耳には慈愛深き神の跫音とも聞へた。その主を見つめた時、失望せずにはゐられなかつた。偽善者の群、売名家の群………………

これ等の人間？の表面的涙に誘はれてゐた為に、吾々の権利の主張を後れさせた。吾々は彼等に頼るの愚を覚らなければならない。そして三百万の兄弟姉妹の団結の力によつて、吾々自身の解放を図らなければならぬ。

眠れる姉妹よ、覚れ！


全国水平社の機関誌である『水平』で、「眠れる兄弟よ」「眠れる姉妹よ」と同様の呼びかけがなされていることに注目すると、この文章の「吾々」にも、「兄弟」も「姉妹」も含まれていると解釈できます。

全国水平社の創立から四カ月以上が経過していますので、この文章と水平社宣言との整合性に疑問を持たれる人もいるでしょうが、私としてはこうした史料を客観的に分析するかぎり、水平社宣言の「兄弟よ」との呼びかけには姉妹も含んで表現されていると考えるのが自然ではないかと考えています。

兄弟姉妹と表記されなかった不思議

ただし、水平社宣言の「兄弟」が姉妹も含んで表現されているからといって、部落の男性が女性を軽視していなかったというわけではありません。水平社宣言には「男らしき産業的殉教者」という表現も出てきます。「男らしい」は「男の気性・体格・音声などを備えている。いかにも男性的である」と『広辞苑』にあり、「男性的」は「荒々しく力強いさま」とあります。皮革産業や食肉産業に携わってきた、その労働の激しさをイメージした表現と考えられますが、現代的視点からするとジェンダー平等の意識に欠けた表現と捉えられるでしょう。

部落の中にも女性を蔑視し、男性を優位に考える風潮があったことは確かでしょうが、ただ、それは個々人の問題であって、水平社宣言で発信された理念とは別のものとして考えるべきでしょう。

ただ、水平社宣言で「兄弟」との表現が採用されたことについて、私にはどうしても腑《ふ》に落ちないことがあるのです。平野が同時代の文章で「兄弟姉妹」との表現を用いていることを考えると、どうも納得がいかないのです。平野は水平社宣言を添削した人物です。

全国水平社が創立されるおよそ一年前の一九二一年二月に民族自決団の名前で出された「檄《げき》」(一三ページ)で、平野は「全国に散在する我が兄弟姉妹等よ」と呼びかけていました。

また、平野が編輯印刷兼発行人となり、一九二二年四月に発行した水平社パンフレット『よき日の為めに《綱領概説》』には、「此の小冊子は吾々の兄弟姉妹に宣《(ママ)》も伝する為めに出来たのであります」や、創立大会に「お参会《あつま》りになりましたのは、関東、東海、近畿、中国、四国、九州の各地に散在し、居住されて居りまする吾々同族の兄弟姉妹の代表者と、有志諸君とでありました」と説明されているのです。

「兄弟姉妹」との表現を好んで使用していた平野が、なぜ水平社宣言で「兄弟姉妹」と添削しなかったのでしょうか。添削しようとして意見は出したけれども受け入れられなかったのでしょうか。この点については不思議でしょうがありません。

4 「人間を勦るかの如き運動」とは

かすめ取られてきた尊厳

水平社宣言に「過去半世紀間」と出てきますが、これは明治四（一八七一）年に出された「解放令」から半世紀の間、ということです。そのおよそ五〇年の間に展開されてきた部落改善運動や融和運動などの運動は、「人間を勦るかの如き運動」だったと言います。「勦る」は「いたわる」と読みます。水平社宣言では二回使用されています。「いたわる」というと「労」という字が思い浮かぶかと思います。その「労る」には、ねぎらう、慰める、大切にする、ねんごろに扱うといった意味がありますが、この「勦る」は同じ読みですがまったく別の漢字です。つまり、まったく違う意味を持っています。「労（勞）」と「勦」という漢字の意味を調べてみましょう。

「勦」
訓　ネギラフ。ツカル。カスム。
①いたはる。なぐさむ、勞す。

②骨折る。
③掠む、おびやかしとる、強ひて取る。
④はやし、軽捷、軽快、敏捷。

訓　タツ。
つくす、ほろぼす。

（『大漢和辞林』朋文堂書店、一九一九年）

「勦」
1
①つかれる。つかれさせる。
②つくす（尽）。
③たつ。たちきる。殺す。滅ぼす。
2
①かすめる。盗み取る。奪い取る。
②すばやい。

（『新漢語林』第二版、大修館書店、二〇一一年）

「勞」

訓　ツカル。イタハル。ネギラフ。イタヅク。ツカレ。イタヅキ。

①疲る、力尽く、くたびる。

②いたはる、骨折りを慰む。

③勤む、事に服す、骨ををる、はたらく。○心配す、病む。

④骨折り、はたらき、○病気。

（『大漢和辞林』朋文堂書店、一九一九年）

「労」

1

①つかれる（つかる）。くるしむ。ほねおり「疲労」「苦労」

②はたらく。つとめる。つとめ。しごと。「勤労」

③ほこる。てがらとする。てがら。

④なやむ。うれえる。なやみ。「心労」

⑤農具の一種。歯のないまぐわ。

2

①いたわる（いたはる）。ねぎらう（ねぎらふ）。なぐさめる。

②たまう（賜）

（『新漢語林』第二版、大修館書店、二〇一一年）

全国水平社創立と同時期の辞典にも「掠む」や「ほろぼす」とあり、「勦」には、「殺す、滅ぼす、かすめる、奪い取る」という意味があることがわかります。この「勦（は）る」の意味から考えると、「これ等の人間を勦るかの如き運動」とはつまり、これまでに展開されてきた部落改善運動や融和運動は、自分たち部落民から人間の尊厳をかすめ取ってきたかのような、自分たちの権利を奪い取ってきたかのような、そんな運動だったということでしょう。このことについて西光は次のように述べています。

小学校で子供が先生に訴へてゐる『皆が私を新平民だと云つて、いつしよに遊んでくれません』すると先生が云つて聞かせる『おまへさへ新平民でなければよいのだ、そんな子供に遊んでもらふな』町で若者が巡査に訴へてゐる『あのお湯屋はどうしても私をいれてくれません』すると巡査が云つて聞かせる『そんな嫌はれる様なお湯屋へは行くな』ところが、こゝに傷害罪で監獄へいつた男と家宅侵入罪で監獄へいつた男とがゐる。前者は学校の問題、後者は湯屋の事件、世間ではこの二人の乱暴な馬鹿共を嘲笑したり憤慨したりする。無抵抗を非暴力だと心得てゐる人々によつて、吾等はこうしてより侮蔑し賤視せられねばならぬ。

（西光万吉「人間は尊敬す可きものだ」『水平』第一巻第二号、一九二二年一一月）

小学校の事件で、仲間外れにされた子どもが先生に求めた対応は、自分を虐《いじ》めた子どもとの対話を通して問題を解決してもらうことだったはずです。ところが教員は、差別をした子どもの誤りを諭すのではなく、差別を受けた子どもに「おまへさへ新平民でなければよいのだ」と、そのアイデンティティやルーツに差別の原因があるような発言をし、さらに「そんな子供に遊んでもらふな」と、子どもたちの関係性を断絶させてしまうような発言をしています。

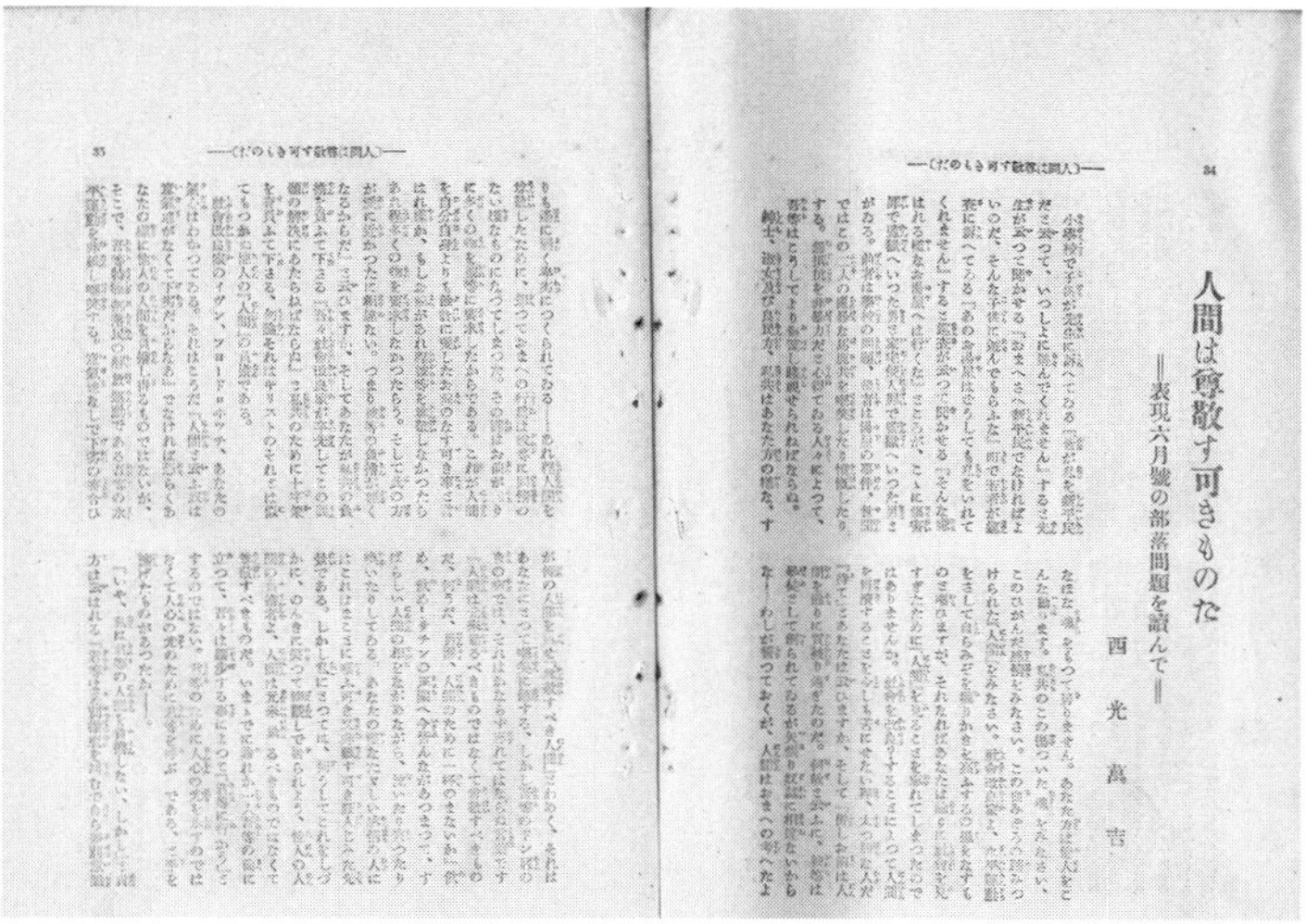
人間は尊敬す可きものだ
―表現六月號の部落問題を讀んで―
西光萬吉

西光万吉「人間は尊敬す可きものだ」(『水平』第1巻第2号、1922年11月)

本来なら差別した子どもを注意して、そこで生じた関係性を修復し、平等な人間関係が構築されるように問題を解決していく、そうした行動が教員には求められるはずです。差別された側にその原因を求め、差別した側を擁護するような教員の態度に、差別された子どもの保護者が納得しないのは当然のことでしょう。「先生、それはないんちゃう、差別した方の子どもを指導してよ」となるはずです。もちろん嘆いて済まされる問題ではなく、教員の対応に怒りを覚えた保護者が、学校に抗議に行くのは当然のことです。差別を受けた側の正当な抗議です。

ところがその抗議すらも聞き入れられず、暖簾《のれん》に腕押しでのらりくらりと言い訳を並べ立てられて誠実に対応をしてもらえなかったのか、それとも押し問答となったのでしょうか。いずれにしても道理にかなった真っ当な抗議、主張にもかかわらず、それが聞き入れられないとなればストレスも溜《た》まります。そうしたことから思わず手が出てしまい小競り合いになってしまったのかも知れません。いろいろな状況が想像できますが、いずれにしても差別を受けた側の正当な主張が否定され、行き場のない怒りから実力をともなうにいたってしまった行為が傷害罪に問われてしまうという結果になったということでしょう。

湯屋の事件も同じく、若者が巡査に求めたのは、入浴を拒否したその誤りを湯屋に認めさせるとともに、正当な権利の行使を認めさせることだったはずです。ところが自分の権利を擁護してもらおうと頼った巡査にまで権利を否定されてしまった若者は、それならばと自身の正当な権利を行使し、入浴を強行したのだと想像されます。それが家宅侵入の罪に問われてしまったというのです。

こうした正当な抗議による抵抗や、当然の権利行使による主張や行動も、世間からは嘲笑や憤慨の対象となるというのです。乱暴に聞こえるかも知れませんが、「何を部落民が生意気なことを」「そんな反抗的な態度を取るから罪に問われるんだ、差別をされるんだ」といったところなのでしょう。

改善すべきは社会そのもの

このような世間の侮蔑的な反応に対して、西光は次のように反論します。

紳士、淑女及び良民方、私共はあなた方の様な、すなほな魂をもつて居りません。あなた方は他人をこんな勦ります。私共のこの傷ついた魂をみなさい、このひがんだ感情をみなさい。この血みどろの踏みつけられた『人間』をみなさい。社会改良家よ、水平運動をさして自らみぞを掘りかきを高ふするの愚をなすものと嗤ひますが。それなればあなたは余りに社会を見すぎたために『人間』を見ることを忘れてしまつたのではありませんか。社会を改良？ することによつて人間を冒瀆することを少しも苦にせない程、太つ腹な人だ『待て』とあなたは云ひますか、そして『併しお前は人間を余りに買被り過ぎたのだ。何故と云ふに、彼等は暴徒として創られてゐるが矢張り奴隷に相違ないからな……わしが誓つておくが、人間はおまへの考へたよりも遥に弱く卑劣につくられてゐる……あれ程人間を尊敬したために、却つておまへの行為は彼等に同情のない様なものになつてしまつた。その訳はお前が余りに多くの物を彼等に要求したからである。これが人間を自分自身よりも余計に愛したお前のなす可き事と言はれ様か、もしお前があれ程彼等を尊敬しなかつたらあれ程多くの物を要求しなかつたらう。そして此の方が愛に近かつたに相違ない。つまり彼らの負担が軽くなるからだ』と云ひますか、そしてあなたが私共の負担を負ふて下さる『吾々社会改良家が卒先してこの問題の解決にあたらねばならぬ』と私共のために十字架を背負ふて下さる、勿論それはキリストのそれとは似てもつかぬ他人の『人間』の負担である。

（西光万吉「人間は尊敬す可きものだ」）

西光は、「あなた方は他人をこんな勦ります。私共のこの傷ついた魂をみなさい、このひがんだ感情をみなさい。この血みどろの踏みつけられた『人間』をみなさい」と、部落民の正当な権利を否定し侵害する人びとにその行為の非道性を訴え、部落民の尊厳をあなたたちはこのように踏みにじっていると主張します。

さらに西光は、「社会改良家よ」と呼びかけ、「あなたは余りに社会を見すぎたために『人間』を見ることを忘れてしまったのではありませんか。社会を改良？　することによつて人間を冒瀆することを少しも苦にせない程、太つ腹な人だ」と、あなたたちは人間の尊厳が何であるかを見失い、人間の尊厳をけがしていることを一向に意に介することもない図太い人間だと、「社会改良家」を痛烈に批判します。

西光が言う「社会改良家」とは、水平社が創立されるまでの「過去半世紀間に種々なる方法」で部落問題を解決しようと、融和運動や部落改善運動を推進してきた人たちのことでしょう。差別に対して部落民が起こす行動や抵抗は自身の権利を自ら求めて闘う行為であるにもかかわらず、社会改良家はそれを否定し、世間から反抗的に受け止められる態度は同情を引くどころか反感を買い、差別を強める結果につながるので、権利を主張しすぎず、同情を買うように振る舞うことを求めてきたと、西光は言います。つまり、これまでの運動では、部落民が当然持っているべきはずの権利が抑制されてきた、あるいは否定されてきたということです。

しかし差別されている側の部落民が求めている権利は、認められて然《しか》るべき権利です。社会改良家がその当然の権利すら放棄することを求める理由は、「つまり彼らの負担が軽くなるからだ」と言います。この一節を含んで西光が二重鍵でくくっている文章は、実はある小説からの引用です。西光の先の文章の「勿論それはキリストのそれとは似てもつかぬ他人の『人間』の負担である。」の次の段落は、「社会改良家のイヴン、フョードロキッチ、あなたの気心はわかつてゐる。それはこうだ『人間と云ふ奴は意気地がなくて下劣だからなあ』でなければ恐らくあなたの様に他人の人間を負担し得るものではないが、そこで、吾等特種部落民の解放運動である吾等の水平運動を非難し嘲笑する。」で始まります。西光が登場させている

「イヴン、フョードロキッチ」は、ロシアの小説家ドストエフスキーの最後の長編『カラマーゾフの兄弟』の登場人物です。『人間と云ふ奴は意気地がなくて下劣だからなあ』と先の引用の『併しお前は（中略）軽くなるからだ』の二重鍵部分はその「大審問官」の章の一幕からの引用です。西光はドストエフスキーの言葉を借りて、人間は尊敬するに値しない存在と捉えている社会改良家がどれほど人間を見下してきたのか、「人間を勦るかの如き運動」を進めてきたのかを批判しているのでしょう。

水平社ができるまでに社会改良家が推進してきた運動は、部落民の正当な権利を否定する差別者を優遇し、差別者に配慮がなされる運動だったということでしょう。逆に被差別者である部落民の権利は蔑《ないがし》ろにされ、不当に扱われ拒絶されてきたということです。そうした考え方の運動が「人間を勦るかの如き運動」だったと、つまり部落民の権利をかすめ取り、尊厳を殺してきたかのような運動だったと水平社創立者たちは厳しく批判しているのです。

権利が否定される存在を認め、差別を公に認めるような融和運動や、部落の側に差別の原因を押し付ける部落改善運動が、人間の尊厳を実現するうえで「何等の有難い効果を齎らさなかつた」のは当然のことでしょう。そもそもこうした類の同情そのものに優劣の関係性が含まれていますので、平等な関係性を築くことなどできるはずがないのです。

一九二二年四月に発行された水平社パンフレット『よき日の為めに《綱領概説》』の編輯印刷兼発行人だった平野小剣が、「批評の中より」としてその冊子に転載した、山川均《やまかわひとし》（一八八〇―一九五八年）の「特殊民の権利宣言」も、次のように訴えています。

若し『改善』すべきものがあるならば、それは『特殊部落』ではなくて、三百万の同胞を不当に迫害して居る社会そのものでなければならぬ

『特殊部落の改善』といふ考へは、頭から同胞の一部を特殊なものと見ることを前提として居るものである。斯ような差別観から出発した。『特殊部落の改善』が、どこ迄進んだところで、それは益々差別を確立するばかりで差別の撤廃に達し得ぬことは云ふまでもない。

人間を冒瀆されていた罰

部落民が権利に目覚めないようにコントロールし、権利を主張することを抑圧してきた社会改良家の不遜な態度を、西光はプロクルステスの寝台（「プロキユストの鉄の寝床」）になぞらえて、次のように表現しています。

吾々は、即ち因襲的階級制の受難者は、今までのやうに、尊敬す可き人間を、安つぽくする様な事をしてはいけない、いたづらに社会に向つて呟く事を止めて、吾々の解放は、吾々自身の行動である事に気付かねばならない。吾々は世間の所謂同情家の——同情はする、しかし汝の僻みと不衛生な生活から脱けて来い——と云ふ如き遁辞には耳を藉すものではない。それは、プロキユストの鉄の寝床だ、旅人の体が、そのベッドより短い時は、ひきのばす、長過ぎた時は切りとつてしまふのだ、彼は到底助けるものではない、又彼等のあるものは、日本のネヅダーノフだ、おせつかいな、お目出度い、

ロマンチック・リアリストだ、そんなものに、いつまでも、対手になつて居ては、いけない。吾等の中へ――と云ふのを、吾等の中より――と改めねばならぬ。

吾等の中より――よき日の殉教者よ出でよ。

（水平社創立趣意書『よき日の為めに』）

また、西光は全国水平社創立大会で、次のように演説しています。

今の部落改善を説く人の態度を見るに彼の「プロキュスト」の鉄の寝床の様だ、一方では我等を迫害しなから我等に物心両方面の欠陥を充実せは平等に扱うてやると云ひなから、他の一方では物心両つなから完備せる我徒に対しては余り権利や自由を主張するのは宜しくない暫く従順にして時の来るを待てと云ふ、何れにしても究極は平等にせぬのだ、貧乏なれは貧乏だから平等に見ぬ、富しても矢張部落民たから富める部落民として差別する、俺達はどうも仕方がない唯革命によるのみだ、即政治に上るのみだ

（三好伊平次による全国水平社創立大会の「復命書」）

プロクルステスはギリシャ神話に登場する強盗で、捕らえた旅人を寝台の大きさに合わせて伸ばしたり切ったりしたことから、「プロクルステスの寝台」は個々の事情を無視して強引に基準にあてはめることのたとえとされています。

西光は、「同情家」や「部落改善を説く人」の物差しによって、自分たち部落民の権利や尊厳は都合のいいように扱われ、彼らの手の上で転がされてきたと言いたいのでしょう。それがつまり西光が言うところの「他人の『人間』の負担」で、自分たち部落民の尊厳をかすめ取り、支配してきたかのようなそんな運動では部落解放は望めるわけもなかったと、西光は言いたいのでしょう。

水平社宣言では自分たち部落民を支配してきた存在を批判するだけではなく、そんな運動を甘受してきた部落の側にも自戒を込めて、「過去半世紀間に種々なる方法と、多くの人々とによつてなされた吾等の為めの運動が、何等の有難い効果を齎らさなかつた事実は、夫等のすべてが吾々によつて、又他の人々によつて毎に人間を冒瀆されてゐた罰であつたのだ」と、「吾々」部落民自身も人間を冒瀆《ぼうとく》してきたと述べています。つまり、部落民の尊厳や権利を奪い、「吾々」を支配することを前提としていた運動であるにもかかわらず、「吾々」はそうした運動が部落差別を解消すると盲目的に信じて服従し、自身の尊厳を自ら傷つけているその矛盾に目を向けようとせず、部落民アイデンティティを貶めて自らの尊厳を傷つけてきたと、水平社の創立者たちは言うわけです。

『よき日の為めに』にも、次のようなくだりがあります。

> 吾等はは《(ママ)》唯、無意識に社会進化の必然に押し流されてゐた吾等の或者は只漠然と今日の境遇が何とか変らねばならぬ——そして変るだらうといふ予感をもつてゐた、しかし、それが、どうして変るのか、またどう変へねばならぬかゞ、わからなかつた、よし幾らか、それがあつても、少くとも自分から新境遇を来らせるために、闘はうとはせなかつた。

「水平社創立発起者」は、自分たち部落民はどうすれば解放されるのかがわからず、知らぬ間に流されて無抵抗で空虚な存在とされてきた結果、人間の尊厳の何たるかを探求することをあきらめ、自身の権利を求めて主体的に闘おうとはしてこなかったと言います。人間の尊厳を奪うような運動を甘受し、その運動を主導してきた者たちの支配を受けるような従順な存在に成り下がり、闘うことをあきらめてきた状況を、正確に言うなら「人間を勦るかの如き運動」によって部落民がそのような状況に追いやられてきたことを、水平社創立者たちは「かへつて多くの兄弟を堕落させた」と表現しているのでしょう。

「水平社創立発起者」は、「漠然と今日の境遇が何とか変らねばならぬ——そして変るだらうといふ予感をもつてゐた」と表現していますが、その予感を持続的に抱かせ「兄弟を堕落させ」てきた根本には、部落民の尊厳や権利を支配してきた社会改良家の思惑が作用していたわけです。

つまり、社会改良家が人間の尊厳や権利に目覚めないように部落民をコントロールし、そうして支配下においてきた部落民に気づかれることのないようにその権利や尊厳を狡猾《こうかつ》に奪い取ってきたということでしょう。まさしく「勦る」の字義通り、社会改良家は「吾々」の目をくらませてこっそり尊厳を奪い取ってきた、誤魔化しつつかすめ取ってきたというわけです。

さらに「水平社創立発起者」は、闘う気力を奪われてきた状況に関して、ウィリアム・モリスの文章を引用して次のように表現しています。

吾人の記憶す可き事は文明（封建的階級制）は労働者（吾々）を駆つて、吾等かくの如く貧弱にして且つ悲惨なる存在に到らしめたが為めに彼等は殆んど今日持続するのより更によき生活を考慮する事が出来ないと云ふ事である。（ウイリアム、モリス）

（水平社創立趣意書『よき日の為めに』）

部落民は差別によって貧しく哀れな生活を余儀なくされ、惨めでみすぼらしい存在に追いやられてきたため、日々の苦しい生活から抜け出すことを考えたり、豊かな生活を想像したりする余裕などまったくと言っていいほど持つことができなかったと言うのです。長い間「吾々」を苦しめてきた差別が、生きる力も希望すらも「吾々」から奪ってきたと言うのでしょう。

自身の力で人間らしき人間を回復

ただ、だからといってあきらめるわけにはいかない、あきらめてはいけないと、「水平社創立発起者」は次のように部落民を奮い立たせます。

吾々は運命を呟く事は要らない、運命は吾々に努力を惜ませるものではない、成就しなければならない大きな任務をもつた今日の如き時代は、幸福である、斯くて、光栄の疲労の重さの下に倒れる人は幸福である、かくて倒れる方が空虚な倦厭の中に倒れたり、他人の為た仕事を悲しげに見まもつたりするよりは、よいではないか。

諦めの運命より闘争の運命を自覚せよ。

あらゆる苦難のある闘争の方が所謂美しい死よりもよいではないか、それに吾々が何等溌溂な自発的社会運動を起し得ないのは、社会生活に無感覚である為か。無感覚は死の仮面だ、それなれば、一切黙つてゐるがいゝ、ゴーリキイがいつてゐる——呟いたり不平を云つたりして、それが何になる、破れるまで、仆れるまで、生きて生きて生き続けよ、そして既に破れてゐるのならば、黙つて死を待つてゐろ、全世界の智識は只之れ丈だ、解つたかね。

吾々の運命は生きねばならぬ運命だ、親鸞の弟子なる宗教家？ によつて誤られたる運命の凝視、あるひは諦観は、吾々親鸞の同行によつて正されねばならない、即ち、それは吾々が悲嘆と苦悩に疲れ果て、茫然してゐる事ではなく——終りまで待つものは救はるべし——と云つたナザレのイエスの心もちに生きる事だ、そしてそれは吾々に開かれるまで叩かねばならぬ事を覚悟させるものだ。

叩かずして開かれる時を待つものは、やがて歩まずして入る時を待つものだ、虫の好い男よ！ 永遠に冷たき門に立て。

（水平社創立趣意書『よき日の為めに』）

先に見た『よき日の為めに』の文章に、「吾々の解放は、吾々自身の行動である事に気付かねばならない」とありましたが、ここでも創立者たちは「諦めの運命より闘争の運命を自覚せよ」と呼びかけています。また、西光は「人間は尊敬す可きものだ」で、「あなたが私共の負担を負ふて下さる『吾々社会改良家が卒先してこの問題の解決にあたらねばならぬ』と私共のために十字架を背負ふて下さる、勿論それはキリストのそれとは似てもつかぬ他人の『人間』の負担である」と指摘し、水平社運動に邁進《まいしん》する者たちを「他人の人間を負担せんとする者に対し自ら自らの人間を負ふ者なりと宣言する者」だと言います。

こうした表現からは、自身の尊厳や、平等、自由は、他者の力で確立されるものでも、他者から与えられるものでもなく、それらは自身の力で回復し、獲得するものであるという水平社創立者たちの強い意志が感じられます。まさに綱領の第一項に掲げられていた「特殊部落民は部落民自身の行動によつて絶対の解放を期す」ということでしょう。

そして西光は、「他人の『人間』の負担」をする者たちに、「人間は元来勦るべきものではなくて尊敬すべきものだ」と次のように訴えます。


社会改良家のイヴン、フョードロヰッチ、あなたの気心はわかつてゐる。それはこうだ『人間と云ふ奴は意気地がなくて下劣だからなあ』でなければ恐らくあなたの様に他人の人間を負担し得るものではないが、そこで、吾等特種部落民の解放運動である吾等の水平運動を非難し嘲笑する。意気地なしで下劣の寄合ひが俺の人間を返せ『尊敬すべき人間』とわめく、それはあなたにとつて嘲笑に値する、しかし吾等のドン底の夜の宿では、それはかならず忘れてはならぬ言葉です『人間は元来勦るべきものではなくて尊敬すべきものだ、何うだ、男爵、人間のために一杯のまないか』飲め、飲め！ サチンの周囲へ今皆んながあつまつて、すばらしい人間の相をながめながら、泣いたり笑つたり喚いたりしてゐる。あなたの様なたゞしい感情の人にはこれはまことに嗤ふ可き又非難す可き狂人じみた光景である。しかし私にとつては、何うしてこれをしづかに、のんきに笑つて傍観しで居られよう、他人の人間の負担者よ、人間は元来勦るべきものではなくて尊敬すべきものだ。

（西光万吉「人間は尊敬す可きものだ」）

西光が言う「吾々が何等溌溂な自発的社会運動を起し得ないのは、社会生活に無感覚である為か。無感覚は死の仮面だ」とは、闘うことをあきらめ堕落したまま生きている状態を表現しているのでしょう。『よき日の為めに』は、その内容を補足するビラとともに全国の有志に発送されました。そのビラには、水平社創立の目的は「過去に於て吾々の祖先が奪はれ現在も因襲的に将来しつつある、『人間らしき人間』を取り戻すことである」と記されています。「人間は感情の生き物」とも言われます。「人間は元来勦るべきものではなくて尊敬すべきものだ」と言ったサチンの周りに「皆んながあつまつて、すばらしい人間の相をながめながら、泣いたり笑つたり喚いたりしてゐる」その姿を、言うならば感情を素直に表すことができる喜びに満ちた自由ですばらしい世界をうらやむかのように、西光は「何うしてこれをしづかに、のんきに笑つて傍観しで居られよう」と息まきます。無感覚と対比させて表現されているこうした姿を、創立者たちは「人間らしき人間」と言っているのでしょう。水平社の目的はそれを取り戻すことと言うのですから、感情を表す自由を取り戻すこと、これもキーワードになりそうです。

5　「人間を尊敬する事」の意味

「水平運動の真相」とは

「吾等の中より人間を尊敬する事によつて自ら解放せん」は、水平社宣言の中でも肝心要の一文です。「吾等」と表現されていますので、差別─被差別の関係性を超えて人間みんなが、という意味が込められています。この「吾等の中より」の「中」は、「うち」と読みます。

『よき日の為めに』には、「吾々は世間の所謂同情家の――同情はする、しかし汝の僻みと不衛生な生活から脱けて来い――と云ふ如き遁辞には耳を藉すものではない」「吾等の中へ――と云ふのを、吾等の中より――と改めねばならぬ」とあります。「遁辞《とんじ》」とは責任などを逃れるための言葉、逃げ口上という意味です。部落改善を進めてきた社会改良家は、部落差別は差別をしてきた側に問題があるのではなく、部落民の差別をされるような不衛生な生活や卑屈な性格に原因があるとして、性根や生活を改めて自分たちと同じ水準まで這《は》い上がってこいというわけです。部落民がそうした境遇におかれ、部落民の性格が捻《ね》じ曲げられてきたのは、世間が部落民を差別してきた結果であって、それは本末転倒です。西光は社会改良家のこの不遜な態度について次のように述べます。

社会の多数者は吾等を救済し同情することを知つてゐる。しかしながら、人間は尊敬すべきものである事を知らぬ以上それには字義通りの美しさはなくて、その意味を自ら体験した時、それは潜越な情操であり、専制の行為であつて、そこにはあくまでも賤視の観念が働いてゐるのである。

（西光万吉「人間は尊敬す可きものだ」）

その思い上がった振る舞いにも、また、自身も含めた世間の差別意識にも目を向けずに、差別を受けてきた側にその責任を押しつけ、自分たちと同じ生活水準に追いつくように改善することを求めてきた社会改良家や世間の行為を、「水平社創立発起者」は「吾等の中《なか》へ」と表現しています。それを「吾等の中より《うち》」と改めねばならぬ」と、「水平社創立発起者」は言います。つまり、差別者が内在させている自身の差別性と向き合い、「人間を尊敬する」という意識で差別を克服すること、すなわち差別者が自身の差別を自覚してその意識を変革させて差別観念から解放されることを水平社創立者たちは「吾等の中より人間を尊敬する事によつて自ら解放せん」と表現しているのでしょう。

では、「吾等」のうちの自分たち部落の側にはどういう意識の変革を水平社創立者たちは求めたのでしょうか。『よき日の為めに』の「吾等の中より」には、次のような文章があります。

人間は元来勦はる可きものじやなく尊敬す可きもんだ——哀れつぽい事を云つて人間を安つぽくしちやいけねえ。尊敬せにやならん、何うだ男爵！　人間の為めに一杯飲まうじやねえか——ドン底のサチン

吾々も、すばらしい人間である事を、よろこばねばならない。

吾々は、即ち因襲的階級制の受難者は、今までのやうに、尊敬す可き人間を、安つぽくする様な事をしてはいけない、いたづらに社会に向つて呟く事を止めて、吾々の解放は、吾々自身の行動である事に気付かねばならない。

「水平社創立発起者」は、人間は勦るべきものではなく尊敬すべきものだとして、いままでのように自身の存在を貶《おとし》めるような言動や、あるいはそうした意識を持つことをやめようと訴え、「吾々」部落民も「す

ばらしい人間である事を、よろこばねばならない」と呼びかけます。また、「吾々の解放は、吾々自身の行動である事に気付かねばならない」と言うのです。

さらに西光は「人間は尊敬す可きものだ」で、次のように述べます。

勿論吾等ののぞみがこうした同情にかゝつてゐるのではなく、人間が人間を尊敬し得る権利の主張とそれをなすべき義務の遂行にある以上、即ちある社会問題を取扱ふ人が『水平運動はあたかも他人にむかつてオレに惚れよと云ふ様なものだ』と評されたにも拘らず、吾等の運動は『あたかもオノレに惚れよ』と云ふ如きものである。オノレに惚れよ吾々にとつてこれが如何に大切なことであるかを考へ得ない人には到底此問題を論ずる資格は無い。そしてこれの理解は先づ第一にモリスの言葉『吾人の記憶すべきことは文明は労働者を駆つてかくの如く悲惨にして、且つ貧弱なる存在にいたらしめたがために、彼等の多くは今日持続するものより更によき生活を考慮する事が出来ないと云ふ事である』と、ともに吾等の多くの感情が永年の圧迫によつて如何にへしまげられているかと云ふ事の記憶からはじまらねばならぬへしまげられた感情、ふみつけられ、きづつけられたこゝろこれを如何にしてもとのものにたゞしくするか、今水平運動には烈しい鉄鎚がひゞき、熾しい火花が散る、それは刃を打つヴアチカンの仕事場ではない。それはへしまげられ、きづゝけられたものを美しいもとの姿に打ち直すそれである。龍魔界の苦患にも似て、自らの焔に焼けつゝ自らを打つ形相こそ水平運動の真相であるのだ。

「社会問題を取扱ふ人」は、水平社運動はまるで「オレに惚れよ」と世間に訴えるような運動だと批評するけれど、そうではないと西光はきっぱりとそれを否定し、水平社運動は「オノレに惚れよ」という運動だと反論します。つまり、部落民が自身の尊厳を自覚するとともに、自己定義の独自性、すなわち部落民としてのアイデンティティやそのルーツを尊重する意識を回復させる運動が水平社運動なのだと主張します。そして「オノレに惚れよ吾々にとつてこれが如何に大切なことであるか」とさらに強調し、「ふみつけられ、きづつけられたこゝろこれを如何にしてもとのものにたゞしくするか、今水平運動には烈しい鉄鎚がひゞき、熾しい火花が散る」「それはへしまげられ、きづゝけられたものを美しいもとの姿に打ち直すそれである」「自らの焔に焼けつゝ自らを打つ形相こそ水平運動の真相」だと西光は言います。

部落民の自覚と民衆の反省

先に見た「人間は尊敬す可きものだ」（八一ページ）には、「紳士、淑女及び良民方、私共はあなた方の様な、すなほな魂をもつて居りません。あなた方は他人をこんな勦ります。私共のこの傷ついた魂をみなさい、このひがんだ感情をみなさい。この血みどろの踏みつけられた『人間』をみなさい」とありました。心を踏みつけられ、傷つけられ、部落民の尊厳や権利が勦われてきた結果、「吾々」部落民は素直な心を保つことができずに、「ひがんだ感情」を植えつけられてきたと西光は言うのです。

全国水平社の創立大会への参加を呼びかけたチラシ（七四ページ）にも、「常に自ら卑下せんとする特殊部落民の自覚と民衆の反省を促さん」とありましたが、自身のことを劣った存在と見下しているその「卑下」や「ひがんだ感情」を部落民自らが克服し、自身の存在価値を自覚しなければならないと創立者たちは言うのです。

もちろん、そうしたネガティブな感情は自発的に育つ代物では決してなく、西光は「吾等の多くの感情が永年の圧迫によつて如何にへしまげられているかと云ふ事の記憶からはじまらねばならぬ」と言います。つまり、長年にわたって受けてきた部落差別によって、「吾々」部落民の自尊感情やアイデンティティがどれほど捻じ伏せられ貶められてきたか、これを認識することから始めなければならないと西光は訴えます。「吾々」部落民のネガティブな感情を増幅させ、部落民アイデンティティを肯定する感情を持つことができない状態に陥らせてきたすべての元凶は、部落差別にあるのだと西光は言いたいのでしょう。

長年の部落差別に要因があるとは言え、部落民自身が部落民であることに卑下意識を持ったり、劣等感を抱いたり、恥ずかしさを覚えたり、あるいは部落民であることで卑屈になったり、そうした行為は自ら部落民アイデンティティを傷つけ、ルーツを否定することにつながると西光や水平社創立者たちは言います。要するに、部落民自身が部落民アイデンティティを蔑んでしまっているということでしょう。

水平社は人間の尊厳や平等を実現するため、それらを否定する部落差別は絶対に許さないと、決議の第一項で「吾々ニ対シ穢多及ヒ特殊部落民等ノ言行ニヨツテ侮辱ノ意志ヲ表示シタル時ハ徹底的糺弾ヲ為ス」と決意しました。「自らの焔に焼けつ、自らを打つ」とは、部落民自身の内にある部落民アイデンティティに対する差別性を部落民自らが糺弾するということでしょう。つまり、部落民自らがまず自身のアイデンティティを否定する部落差別と向き合い、その差別意識を克服して自尊感情を取り戻すこと、自身のアイデンティティを肯定し、それを誇りに思うこと、これこそが「水平運動の真相」だということです。水平社宣言に言う「人間を尊敬する事によつて自ら解放せん」とはまさにこのことでしょう。

すでにお気づきのことかと思いますが、水平社宣言ではこうしたことがさらに次のように表現されています。

吾々がエタである事を誇り得る時が来たのだ。

吾々は、かならず卑屈なる言葉と怯懦なる行為によつて、祖先を辱しめ、人間を冒瀆してはならぬ。

「怯懦《きょうだ》」とは、臆病で意志の弱いことを言います。自身の尊厳やアイデンティティを卑しめ、いじけて臆病に生きることは、己のみならず「自由、平等の渇仰者であり、実行者であつた」祖先の尊厳をもけがすことになると言うのです。「吾々」自身が部落差別をしていてはならず、自身のそうした意識や行為を決して許さずに克服し、自分たちが「エタ」であることに誇りを持ち、部落民アイデンティティを肯定していこうと創立者たちは呼びかけているのです。

「吾等の中より人間を尊敬する事によつて自ら解放せん」には、差別―被差別の関係性を超えて人間みんなが、「人間は元来勦るべきものではなくて尊敬すべきものだ」という認識のもと、人間の尊厳とは何かという「人間性の原理」に目覚めて自身の差別を克服していこうという思いが込められているのではないでしょうか。水平社運動にとってはまさしく綱領の第一項に掲げられた「特殊部落民は部落民自身の行動によつて絶対の解放を期す」ということです。つまり「部落民自身の行動」のひとつは、部落民自らが部落民アイデンティティを貶めている差別性を自覚し、「オノレに惚れ」る意識を持ってそれを克服するという意識改革、これが西光の言う「自らの焔に焼けつゝ、自らを打つ形相」で、「水平運動の真相」ということでしょう。水平社の創立者たちは一〇〇年以上前から、自己肯定感や自尊感情を持つことが大事だと訴えていたのです。

アイデンティティの肯定

ただ水平社宣言や「綱領」で使用された「特殊部落」との表現には、水平社内部からも異論があったようです。全国水平社創立大会後に開催された夜の協議会で、「吾々」自身が「特殊部落民」と名乗ることは自らを卑下するものであるとして文言の削除が提案され、議論となりました。『水平』第一巻第一号の「全国水平社創立大会記」には、この模様が次のように記されています。

『明治四年の布令によつて解放された吾々の頭上には、今度は新平民の名称を附され、尚近頃は少数同胞などの名称に代つてゐる。実質が変化しなければ名称は問題でない。歴史は絶対に消されぬ、エタが華族になり、華族がエタの名称と代つても、吾等に対する賤視的観念が除かれねば、華族のエタが卑しめられ、エタの華族が尊敬せられる、寧ろ吾々は、明らかに穢多であると標榜して、堂々と社会を闊歩し得る輝きの名にしたい』と主張する者が多数を占め、結局／名称によつて吾々が解放せられるものではない。今の世の中に賤称とされてゐる『特殊部落』の名称を、反対に尊称たらしむるまでに、不断の努力をすることで喝采の中に綱領通り保存されることになつた。

「特殊部落」の語句の削除を求める提案に対して、名称の問題ではないと毅然《きぜん》とした態度を示し、「特殊部落」が誇りある名称になるまで努力することが重要なんだと訴えた創立者たちの強い決意が、協議会出席者の賛同を得て、原文のままで採択されました。西光も「人間は尊敬す可きものだ」で、「現代社会の不合理なる差別相を撤廃するに当つて、それを構成するものが卑下と賤視の感情である以上、吾等卑下の体験者の執る可き当面の合理的方法は卑下の感情を矯す可く努力する事の他にない」と訴えています。

差別用語をめぐっては全国水平社第一〇回大会でも「言論、文章による『字句』の使用に関する件」との議案が協議され、次のように決議されています。

この「字句」使用の問題に就ては運動の当初よりの懸案であつて、一応は決定されてゐたのであつた。その後の闘争が該問題取扱上に種々のデリケートな、限界のルーズな事もあつて、その初期に決定された「侮辱の意志による言動」が閑却された様な形であつた。そこでこの「文句」さへ使へば悪いのだとの認識不足な考へ方が起り、吾々の部落を現はすのに闘争団体の名称である、水平社と呼ぶことが最も安全であるかのごとく心得平気で代名詞として使用する傾向が現はれて来た、その他に於いても如何に必要な時であつても、ウツカリ文章及言論に表現すると糺弾されるから「アタラズ」「サワラズ」式にとの態度となつてこの問題に対する、真面目な批判と、発表、通信、研究等を聞くことが出来なかつた。

吾々は如何なる代名詞を使用されても、その動機や、表現の仕方の上に於いて、侮辱の意志が――身分制的――含まれてゐる時は何等糺弾するのに躊躇しない。

然れども、その反対に「エタ」「新平民」「特殊部落民」等の言動を敢へてしてもそこに侮辱の意志の含まれてゐない時は絶対に糺弾すべきものでないしまた糺弾しない。

（「第一〇回全国水平社大会議案」一九三一年一〇月）

「特殊部落民」などの差別用語に限らず、部落民を指すどのような言葉であっても、そこに「侮辱の意志」が含まれる場合は糺弾するし、差別用語をあえて使用してもそこに「侮辱の意志」が含まれていない場合は絶対に糺弾はしないとの認識を、全国水平社は示しています。

水平社が求めた部落解放の姿が少しずつ浮かび上がってきますが、全国水平社の「綱領」第一項にある「特殊部落民は部落民自身の行動によつて絶対の解放を期す」という部落の解放を、全国水平社の創立者たちはどのように思い描いていたのでしょうか。『よき日の為めに』のタイトルにある「よき日」とはどんな日なのでしょうか。

西光は「人間は尊敬す可きものだ」で、「よき日」を次のように表現しています。

特種部落民なる名称が賤視的観念より乖離するであらうよき日を

部落民アイデンティティを失うことでも同化することでもない、部落民アイデンティティや部落にルーツを持つ存在が卑下や賤視といったネガティブな感情や意識から解き放たれる、そんな社会が実現された時が「よき日」なのだと西光は言うのです。

これまで見てきたことから、水平社宣言や綱領で全国水平社が「特殊部落民」という言葉を使用したのには、明確な意図があったことが浮かんできます。水平社の創立者たちはそこに二つの「いし」を込めたと私は考えています。ひとつは、差別とは差別用語とされる言葉を使用するか否かの問題ではないという意思です。これまで見てきた引用に「実質が変化しなければ名称は問題でない」といった表現や、「『エタ』『新平民』『特殊部落民』等の言動を敢へてしてもそこに侮辱の意志の含まれてゐない時は絶対に糺弾すべきものではないしまた糺弾しない」という決議がありました。つまり、全国水平社自らが「特殊部落民」という語を使用することで、差別用語の使用を禁止することが運動の目的ではないということを示すとともに、差別の本質とは何か、人間の尊厳とは何か、そうした問いかけをそこに含ませたのだと私は考えています。この意思表示との対比で生きてくるのが、「吾々ニ対シ穢多及ヒ特殊部落民等ノ言行ニヨツテ侮辱ノ意志ヲ表示シタル時ハ徹底的糺弾ヲ為ス」という決議の第一項でしょう。

もうひとつ、こちらの方が意義としては比重が大きいのかも知れませんが、「特殊部落民」という語をあえて使用することで、違うアイデンティティやルーツを持つことを肯定的に捉えていこうとするその意志を同志に示したのではないでしょうか。すなわち、「オノレニ惚れよ」という意識改革を強く推進する決意を水平社の創立者たちはその表現に込めたのだと私は考えています。「吾等卑下の体験者の執る可き当面の合理的方法は卑下の感情を矯す可く努力する事の他にない」とあったように、「特殊部落民」をあえて使用す

『水平』第１巻第１号
（水平出版部、1922 年７月）

ることは、「今の世に賤称とされてゐる『特殊部落』の名称を、反対に尊称たらしむるまでに、不断の努力をすること」のひとつの実践であり、部落民自らがまず卑下意識を克服するという決意の表れ、つまり、「吾等の中より人間を尊敬する事によって自ら解放せん」の履行だと思うのです。この実践が、「特種部落民なる名称が賤視的観念より乖離するであらうよき日」への第一歩だと、創立者たちは考えたのでしょう。

「特殊」とは、「普通と異なること。特別であること」と、『広辞苑』にあります。本来「普通」なんてないのです。みんなそれぞれ違いがあり、ひとりひとりが特別な存在なのです。それが当たり前です。水平社の創立者たちは違いが差別を喚起する要因にはならない、なるはずがないと理解したからこそ、「特殊部落民」と表現し、その違いを強調したのではないかとも感じるのです。

さらに考察するなら、先に見た西光の「特種部落民なる名称が賤視的観念より乖離するであらうよき日」の「特種部落民」の部分には、さまざまなアイデンティティやルーツといった属性が代入できそうです。また、水平社宣言の「吾等の中より人間を尊敬する事によつて自ら解放せん」の一文も、「吾等」人間みん

解平運動

白老古潭　森竹竹市

現代の今日猶部落民として社會より特殊視せられ差別的待遇を受けつゝ居る我アイヌ人に依りて解平••運動なるもの起され一刻も早く解放され至公至平の社會的地位を獲得せんとの叫び聲を聞くは我二万のアイヌ民族の爲に吾人は快哉を叫ぶものである顧みるに我等の祖先は往昔より此の廣大なる北海の天地に住み[illegible]無智文盲にして何等子孫の將來を憂慮せず往時より耕作せる田畑は永遠に自己の所有物と思惟し之に對し何等法的手續を爲さず漫然として居る時續々として入り來れる內地人は之等土人の文盲なるに乘じ初めは其の所有する田畑を貸借の名の下に使用して居たものが何時の間にか之等內地人の名義に變り居るといふ有樣にて之に對し我等の祖先は何等施す術を知らなかつたのである。奮起せよ同族！我等の前途には幾多の社會的大問題が橫たはつて居るではないか。我等の安心立命の地は何處にあるか？我等の無智無能を表徵する土人學校は今尚各地に散在して居るでは無いか。覺めよ同族！我等は何時迄も昔のアイヌ人であつてはなりませんかの水平社大會の決議綱領に『吾々は人間性の原理に覺醒し人類最高の完成に向つて突進す』との一項があつたと記憶するが我々も此の意氣此の覺悟を持つて生存競爭の激しき社會に起ち虐げられ劣等視せられつゝ居る我アイヌ民族を社會の水平線上に引上げねばなりません、他人の力に頼るな、飽迄自分の力で自分を完成しなければだめです依頼心は何時迄も我等を卑屈ならしめ弱者の位置に置くものです舊土人保護法、土人學校の完備等は現在の我々に對し餘りに有難からぬものです生存競爭に敗れ路傍に喘ぎ疲れて居る者への眞の同情眞の保護は其者の手を取り目的地迄共に歩んでやる事です然るに斯る落伍者に一片のパンを投げ與へ其儘自分等のみ先へ〱と進み[illegible]を大にして徹底的保護した等と宣傳せらるゝのは誠に慨嘆に堪へざる次第です今日の一歩の差は明日の百歩の差です吾人は此の際奮起一番妄動を愼み他に乘ぜらるゝ事なく遠大なる理想の下に眞摯なる態度を持つて此の有意義なる運動を龍頭蛇尾に終らしめざらん事を希ひつゝ擱筆するものである

一九二六、一一、二一稿

森竹竹市の「解平運動」を掲載する『北海タイムス』
（1926 年 12 月 2 日）

ながら「人間を尊敬する事」と表現されていますので、対象が部落民や部落民アイデンティティに制限されているわけではありません。同じく最後の一文も「人の世に熱あれ、人間に光あれ」となっていますので、これは全人類が対象と考えられます。つまり水平社宣言は、「吾々がエタである事を誇る時が来た」と、部落民が持つ独自のアイデンティティやルーツを肯定していくことを訴えるとともに、人類の普遍的なテーマである人間の尊厳の実現や、個々それぞれが持つ多様な属性を受容する社会の実現をめざす内容になっているということです。それこそ綱領の第三項に示された「人類最高の完成」ということでしょう。

だからこそ、アイヌ民族、在日朝鮮人、在阪のウチナーンチュ（沖縄人）、ハンセン病患者・回復者など、多くの被差別マイノリティが全国水平社の創立理念に共感し、自身の尊厳や平等、あるいはアイデンティティを確立する運動を起こしたのでしょう。

全国水平社創立の理念は、あらゆる差別を克服できる思想で、決して過去のものではなく、現在はもちろん未来に継承すべき理念だと感じます。

III　水平社宣言の熱と光

1　求められた人の世の「熱」とは

「heat」の違和感

水平社宣言の最後を締めくくる「人の世に熱あれ、人間に光あれ」は、いろいろな感じ方や解釈ができる最も魅力的なフレーズです。熱と光は水平社宣言の、「人の世の冷たさが、何んなに冷たいか、人間を勦はる事が何んであるかをよく知つてゐる吾々は、心から人生の熱と光を願求礼讃するものである」の一文にも登場します。全国水平社の創立者たちは、人間の生きる希望を奪い取り、また時には命すら奪うこともある差別がどれほど冷酷で、冷淡なものか、さらには「人間を勦《いた》はる事」、つまり、人間の尊厳や平等な権利をかすめ取ったり、拒否したりすることがどのような行為なのかを「吾々」はよく知っていると同志に訴え、さらに差別がどれほど非道なもので残虐な結果をもたらすかを知っているからこそ、「吾々」は「心から人生の熱と光」を願い求めるというのです。

「人の世に熱あれ、人間に光あれ」には、水平社の創立者たちのどのような願いが込められているのでしょうか。

まずは「熱」について考察してみたいと思います。『The Nation』の英訳（五九・六〇ページ）を思い出してほしいのですが、「人の世に熱あれ、人間に光あれ。」は「Let there be heat and light!」と訳されていました。「熱」が「heat」と訳されている点について、私は違和感を覚えるとみなさんに疑問を投げかけていましたが、さてどうでしょうか。

まず「heat」の意味や用例を『英英辞典』で確認してみましょう。

【heat】

1 WARMTH warmth or the quality of being hot : Ice needs heat to melt.
Insulating the attic is a good way to reduce heat loss.

2 the heat very hot weather or a high temperature : The heat was making them tired. | Angela liked to rest during the heat of the day（= the hottest part of the day）.

3 IN COOKING

4 STRONG FEELINGS strong feelings, especially anger or excitement

5 PRESSURE strong pressure on someone

6 SYSTEM TO HEAT BUILDING

7 IN A RACE

8 on heat

（『ロングマン現代英英辞典』四訂増補版、桐原書店、二〇〇五年）

「heat」には、温かさ、熱くする性質のもの、という意味があり、〈氷は溶けるのに熱を必要とする〉という用例が紹介されています。この用例が示すように、物理的な熱量を表すときには「heat」が使われるということがわかります。「4」の意味に注目してほしいのですが、「STRONG FEELINGS」と出てきます。さらに意味としては、激しい感情であったり、怒りや興奮であったり、そうした意味です。さらに見ますと「5」には「PRESSURE」という意味もあります。圧力や、重圧、抑圧とかいう意味ですね。

水平社が求めていた「熱」とはそのように激しいものだったのでしょうか。果たして抑圧されてきたものが「人の世に熱あれ」と叫んで、「PRESSURE」を求めるでしょうか。これが私の違和感の正体です。

もっとあたたかい人の世を

では全国水平社が求めた「熱」は、どのような熱なのでしょう。注目したいのは「京都へ！京都へ‼」（一一〇ページ）というビラです。

全国水平社創立大会を目前に控えた一九二二年二月二一日、大日本平等会が大阪市中央公会堂（中之島公会堂）で大日本同胞差別撤廃大会を開催しました。この大会終了後の演説会で西光万吉《さいこうまんきち》たちが全国水平社創立大会への参加を呼びかけ、その場は水平社の創立大会を宣伝する場となりました。その際に撒《ま》かれたビラが、「特殊部落民解放の自発的集団運動を起せ！」「京都市公会堂における水平社創立大会に参加せよ！」と呼びかけた「京都へ！京都へ‼」のビラでした。おそらくこのビラとともに「全国水平社創立大会へ‼」（七四ページ）のチラシも撒かれたのでしょう。

「全国水平社創立大会記」（『水平』第一巻第一号、一九二二年七月）には、このビラが撒かれた様子が次のように記されています。

平等会大会に

◆水平社の宣伝

水平社の創立大会に愈々三月三日京都にて開催と確定してその事務に忙殺されてゐる時、突如として又しても性懲りのない同情販売業者、差別撤廃ブローカー共が大阪に於てその大会を開催した。二月二十一日中央公会堂に於ける平等会の創立大会がそれである。会長は元大阪府知事菊池侃二氏、重なる関係者は所謂多数同胞中の同情家と少数同胞中の諸名士である。決議に曰く

一、本大会は一般社会の少数同胞に対する謬れる観念の根絶を期す。

一、少数同胞は一般社会の反省を促すと共に皇室に対し奉り益々忠に勇に一面一般社会と進んで融和を計るを要す。

参集者五百有余、大会終了後の演説会は徹頭徹尾核心に触れざる偽瞞的、申訳的長広舌であつた。かくの如き誠意の吐露を有難く聴聞する程のものは生憎と聴衆席には不足であつた。しかしながら余りに『好い気』な弁士達を中止降壇させるには不充分ではなかつた。かくて聴衆の不満と、失望と、怒号と、嘲罵の擾乱の時頭上に高く水平社の宣伝ビラは吹雪の如く舞上り、粉々として落花の如く散つた。

京都へ！京都へ！同情的差別撤廃を排し、自発的集団運動を起せ！

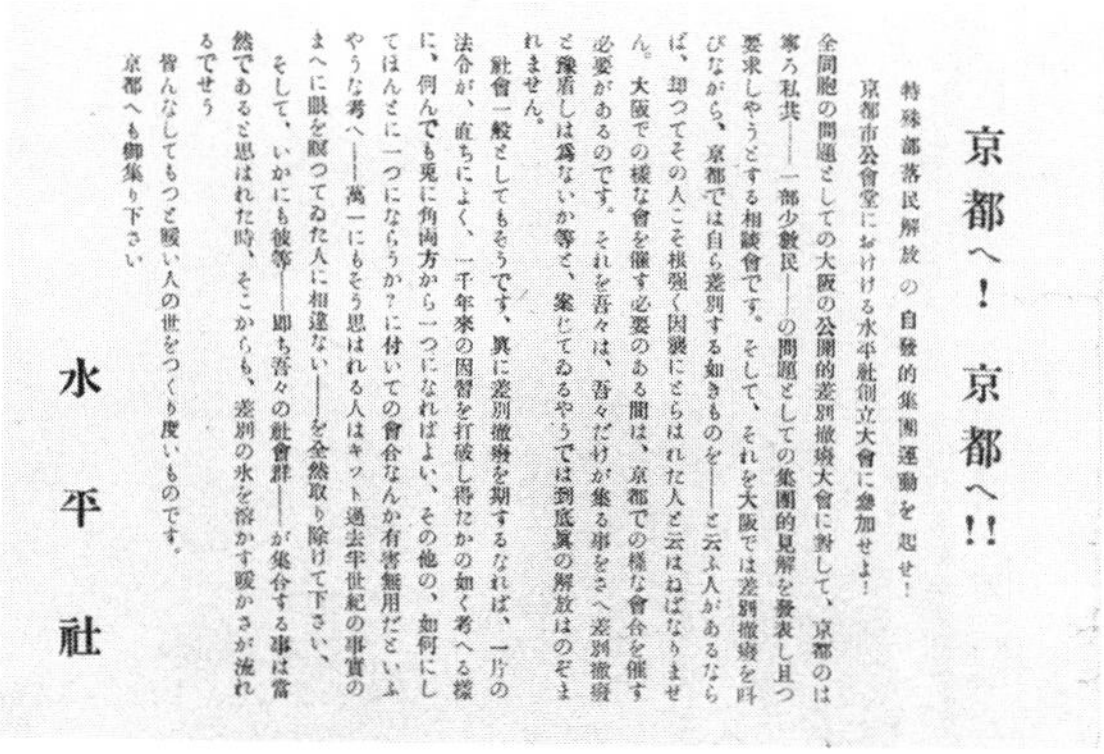

京都へ！　京都へ!!

特殊部落民解放の自發的集團運動を起せ！

京都市公會堂における水平社創立大會に參加せよ！

全同胞の問題としての大阪の公開的差別撤廢大會に對して、京都のは寧ろ私共――一部少數民――の問題としての集團的見解を發表し且つ要求しやうとする相談會です。そして、それを大阪では差別撤廢を叫びながら、京都では自ら差別する如きものを――と云ふ人があるならば、却つてその人こそ根强く因襲にとらはれた人と云はねばなりません。

大阪での樣な會を催す必要のある間は、京都での樣な會合を催す必要があるのです。それを吾々は、吾々だけが集る事をさへ差別撤廢と豫盾しは爲ないか等と、案じてゐるやうでは到底眞の解放はのぞまれません。

社會一般としてもそうです、眞に差別撤廢を期するなれば、一片の法令が、直ちによく、一千年來の因習を打破し得たかの如く考へる樣に、何んでも兎に角兩方から一つになればよい、その他の、如何にしてほんとに一つにならうか？に付いての會合なんか有害無用だといふやうな考へ――萬一にもそう思はれる人はキツト過去半世紀の事實のまへに眼を瞑つてゐた人に相違ない――を全然取り除けて下さい、

そして、いかにも彼等――即ち吾々の社會群――が集合する事は當然であると思はれた時、そこからも、差別の氷を溶かす暖かさが流れるでせう

皆んなしてもつと暖い人の世をつくり度いものです。

京都へも御集り下さい

水平社

「京都へ！　京都へ‼」（水平社、1922年）

この「京都へ！京都へ‼」のビラは、残念ながら原史料が残存せず、写真（部落解放同盟中央本部編『写真記録 全国水平社』、二〇〇二年などに所収）でしか確認できないのですが、ここに「人の世に熱あれ」の謎を解くキーワードが含まれています。

まずこのビラは、水平社宣言と同じく「水平社」名で発行されていることから、水平社の創立者たちの間でその内容解釈が統一され、共有されていたものと当然考えられます。また、水平社宣言とこのビラの発信主体である「水平社」の構成員は、西光、平野小剣《ひらのしょうけん》をはじめとした同一の水平社創立者たちであることは言うまでもありません。こうした点を含め二つの文書が発信された時期やその間隔などども考慮すると、「京都へ！京都へ‼」のビラは、水平社宣言と内容に矛盾を生じることなく、非常に深い関連性と整合性を持って水平社創立の思想を内外に表明した文書であると考えられます。

「京都へ！京都へ‼」のビラで注目したいポイントは、最後の五行です。

　そして、いかにも彼等――即ち吾々の社会群――が集合する事は当然であると思はれた時、そこからも、差別の氷を溶かす暖かさが流れるでせう

皆んなしてもつと暖い人の世をつくり度いものです。
京都へも御集り下さい

この「差別の氷を溶かす暖かさ」や「暖い人の世」に表されている「暖かさ」こそが、水平社が求めていた熱だと考えられるのではないでしょうか。つまり、「人の世に熱あれ」と叫び、水平社の創立者たちが求めたのは、「暖かい人の世」だと私は考えているのです。

差別の氷を溶かすあたたかさ

「heat」の用例で「氷は解けるのに熱を必要とする」と出てきましたが、ここに言う「差別の氷」は現実にそうした「氷」があるわけではもちろんありません。それは水平社宣言で言うところの「人の世の冷たさ」にあたるもので、西光や平野をはじめとする水平社創立者たちが、社会に残存している差別を「氷」のように非常に「冷たいもの」と捉えていたことがわかります。全国水平社創立大会の各地代表演説で少年代表として登壇した山田孝野次郎《やまだこのじろう》が「一度教壇に起つた先生のひとみは何んと云ふ冷たいものでしよう」と訴えたように、それは部落民に投げかけられてきた世間の人びとの差別的な視線や、侮蔑的な態度を表したものです。言うまでもなく人に向けられる「冷たい」態度とは、人情に薄く、冷淡であるさまを言います。つまり部落民が肌で感じてきた薄情で、無情で、非情な世の中、それを「差別の氷」「人の世の冷たさ」と表しているのでしょう。その世間の差別が「何《ど》んなに冷たいか」を「吾々」部落民はよく知っていると水平社宣言では主張していました。差別がどれほど人間を生きづらくするかを知っているからこそ、水平社は暖かい世の中を求めようとしたのでしょう。

世間の冷たい態度や空気にさらされ続けると心が荒んでしまいそうです。「冷たくなる」という表現には「死ぬ」という意味もあり、水平社宣言で使用されている「勦」の字義である「殺す」や「滅ぼす」との関連も見えてきそうですが、考えすぎでしょうか。

『広辞苑』第六版（岩波書店、二〇〇八年）によると、「冷たい」には「人情に薄い」とあります。「人情に薄い」ということから、次に薄情を調べると「義理・人情にうすいこと。愛情の薄いこと。心のつめたいこと」とあり、無情を調べると「①なさけ心のないこと。情愛のないこと。②心のないこと。木や石などにいう。非情」と説明されています。さらに非情とは「①喜怒哀楽の情がないこと。また、人間味や思いやりのないこと。②感情を持たないもの。木石の類。無情」と説明されています。

ここで「非情」には、人間味がない、感情を持たないという意味があることがわかります。水平社宣言には「人間」という語が一〇回も使用されていることは紹介しましたが、非常に重要なキーワードなので「人間味」を調べてみると、「人間らしいあじわい。人間としての情味」とあります。さらに「情味」は「①あじわい。おもむき。②人間らしい思いやりやあたたかみ。人情味」とあり、「人情味」は「人としてのやさしさやあたたかさ」、「人情」は「自然に備わる人間の愛情。いつくしみ。なさけ。」と解説されています。

「冷たい」の反意語は「熱い」もしくは「あたたかい」ですが、「暖かい」がキーワードなのでこれを調べると「あたたかである。ぬくい」とあります。さらに「あたたか」（暖か・温か）を調べてみると、「①気候や温度が暑すぎずほどよいさま。②愛情がこまやかで冷淡でないさま。③経済上困らないさま。④事を荒だてないさま。穏やか」と説明されています。これらの「あたたか」の意味からは、人間が心地よく感じる状況であったり、安心して落ち着いて過ごせる環境であったり、人びとが平穏にくつろいでいるありさまが浮かんできます。

水平社の創立者たちが求めた「差別の氷」を溶かすのに必要な「あたたかさ」＝「熱」とは、現実の氷を溶かす物理的なエネルギーとしての「熱」ではもちろんなく、友好的で人を心地よくし、緊張を和らげるとともに人の心をくつろがせる「あたたかさ」のことと考えられないでしょうか。

さらに言うと、人の心の「あたたかさ」や「ぬくもり」を表現する場合は通常「温」という字を使います。「あの人は温かい心の持ち主だ」とか、「人の心の温もりを感じる」とか、「温」を使います。ところが水平社はあえて「暖」という字を使って「暖かい人の世」と表現しています。つまり、この「暖かい」は「人」を修飾しているのではなく、「人の世」に係っているということです。暖かい世の中ということです。

駒井喜作《こまいきさく》と思われる「古磨井生」も次のように主張しています。

彼等もまた、吾々を人間扱ひせなかつた差別する心（ほんとうの人間らしくない悪い心）を取り去つて、人間としての水平線上に浮び上り、ほんとうの人間と人間とが尊敬し合つて行く、そうして始めて差別がとれ、賤視されず、侮蔑もなくなり、職業も自由に、通婚も平気で出来る美しい、お互に啀み合はない、温かい社会が生れるのである。

（古磨井生「水平運動の一考察―自覚せざる人々へ―」『水平』第一巻第二号、一九二二年一一月）

全国水平社の創立者たちが「人の世に熱あれ」と求めた「差別の氷」を溶かすのに必要な熱、それは、個々ひとりひとりの心の温かさや温もりはもちろんのこと、そうした心の熱で温められた空気をまとっている社会ということではないでしょうか。自身のアイデンティティに生きづらさを感じたり、悩んだりするような殺伐とした空気の世の中ではなく、みんながリラックスして心地よく生きていける社会、そうした暖かくて寛容な世の中を水平社の創立者たちは求めたのだと私は感じています。

ここで英訳の違和感を解消したいのですが、この「差別の氷を溶かす暖かさ」や「人の世に熱あれ」に通じる「暖かさ」や「熱」を英訳するとすれば、「warmth」あるいは「warm」しかないと思うのです。辞書の意味を共有してもらえると賛同していただけると思いますので、形容詞形の「warm」を同じく『ロングマン現代英英辞典』で調べてみましょう。

【warm】

1 BE WARM slightly hot, especially in a pleasant way; warmth : The house was lovely and warm. | I hope we get some warm weather soon. | I've put your dinner in the oven to keep it warm.

2 FEEL WARM if you are warm, your body is at a comfortable temperature : Are you warm enough?

3 CLOTHES / BUILDING clothes or buildings that are warm can keep in heat or keep out cold : Here, put on your nice warm coat.

4 FRIENDLY friendly or making someone feel comfortable and relaxed : a warm, reassuring smile | Please give a warm welcome to our special guest. a warm glow of satisfaction | The Hun

garian people are warm and friendly.

5 COLOUR warm colours contain the colours red, yellow, and orange, which make you feel comfortable and happy.

6 CORRECT [not before noun]

(『ロングマン現代英英辞典』四訂増補版、桐原書店、二〇〇五年)

「warm」には、「1」に「BE WARM」の意味で、「slightly hot, especially in a pleasant way」(少し暑い、特に快適な状態)とあります。その用例で「お家は素敵で暖かかったです。／早く暖かい気候になってほしいですね。／温かいままにしておくために、夕食をオーブンに入れておきました。」と紹介されています。「2 FEEL WARM」では、「あなたが暖かい場合、あなたの体は快適な温度にあります：あなたは十分に暖かいですか?」、「3 CLOTHES / BUILDING」では、「暖かい衣服や建物は、熱を保ったり、寒さを防ぐことができます。ここでは、素敵な暖かいコートを着てください。」とあります。

注目は「4 FRIENDLY」です。「好意的な、または誰かを快適でリラックスさせる：温かく安心感のある笑顔／スペシャルゲストを温かくお迎えいたします。満足感のある温かい輝き／ハンガリーの人々は温かくてフレンドリーです」とあります。さらに「5 COLOUR」では、「暖色には、赤、黄、オレンジが含まれており、快適で幸せな気分にさせます」という用例が紹介されています。

人びとをあたたかく迎え入れて、その緊張を解きほぐし、みんなが心地よく快適にリラックスして過ごせる環境、「warm」のそうした暖かさが、「人の世に熱あれ」の「熱」と重なってきませんか。

2　仏教における「智慧の光」

にんげんに光あれ

「人の世に熱あれ」の「熱」については、「人の世の冷たさが、何んなに冷たいか」といったヒントが水平社宣言にはありましたが、「人間に光あれ」についてはそれらしいヒントが見あたりません。唯一「呪はれの夜の悪夢」というフレーズの暗闇というイメージが、「人間に光あれ」と何かしら関係しそうですが、何のことだかチンプンカンプンです。水平社宣言だけを何度読んでも「光」の正体にはたどり着けそうにないので、西光と平野の同時代の文章から読み解いていきましょう。

とその前に、すでに故人となってしまった放送タレントの永六輔《えいろくすけ》は、戦後、和歌山に住む西光を訪ねて取材をし、「人間に光あれ」の「人間」の読み方について西光から次のように聞いたと記しています。

西光さんが水平社宣言を書いたと知ったあと、ぼくは西光さんにひとつ、たずねたんです。水平社宣言の最後の、「人の世に熱あれ　人間に光あれ」ということばについて、です。

「人間」は「にんげん」と読むんじゃなくて、「じんかん」と読むんじゃないんですか？　と。

そしたら西光さんは「いいんです、『にんげん』で。でも、ほんとうは『じんかん』なんです」とおっしゃった。

（永六輔「ぼくが出会った西光さん」『部落解放』第三九〇号、一九九五年六月）

浅草の浄土真宗の寺に生まれ育った永は、浄土真宗では「人間」を「じんかん」と読むとして、「にんげん」は「ひと」であり個人をさすが、「じんかん」は人と人の間のことであるとその違いを述べて、次のように続けます。

浄土真宗では、御仏の光のまえでは、すべての人は平等なんです。一方で、水平社という名前の「水」もつねに平らで、平等なんです。つまり光と水は、平等の象徴です。水はつねに平らであり、光のなかには陰がない。仏教の光はすべてにあたるといわれています。それは、人を照らし、人と人との間、「じんかん」にこそ、あたらなければいけないというのが、仏教の教えです。

（永六輔「ぼくが出会った西光さん」）

水平社宣言の原史料に振り仮名がないためその可能性も否定できないと思われるかも知れませんが、水平社宣言の添削者である平野が編集した水平社パンフレット『よき日の為めに《綱領概説》』及び、水平社の機関誌『水平』第一巻第一号に掲載された水平社宣言には、「人間に光あれ」の「人間」の部分に「にんげん」とルビがふられています。

いずれの冊子も全国水平社創立直後に発行されており、また『水平』の編集には西光も平野も携わっているのです。こうしたことを考えると、創立大会においても「にんげんに光あれ」と読まれ、創立者たちが「にんげん」の読み方で意味を解釈することを共有していたことに疑いの余地はありません。

無明の闇を破する光明

ただ、永六輔が言うように、仏教と光には密接な関係があります。仏教だけではなく宗教全般において光は重要な意味を持っています。水平社宣言の起草者である西光も浄土真宗本願寺派の西光寺で生まれ、育ちました。当然仏教思想に大きな影響を受けています。

浄土真宗の宗祖である親鸞の『顕浄土真実教行証文類』（『教行信証』）の「序」には、「無礙の光明は無明の闇を破する恵日なり」との一節があります。『浄土真宗聖典―註釈版 第二版―』（浄土真宗本願寺派総合研究所編、本願寺出版社、二〇〇四年）によると「光明」は、「仏・菩薩の身心に具わる光。迷いの闇を破し、真理をさとりあらわす仏・菩薩の智慧を象徴するもの。とくに阿弥陀仏については、『大経』に無量光などの十二光をもってその光明の徳が示されている」と記されています。

さらに「十二光」については「①無量光。量ることのできない光。②無辺光。際限のない光。③無礙光《むげこう》。何ものにもさえぎられることのない光。④無対光。くらべるもののない光。⑤炎王光《えんのうこう》。最高の輝きをもつ光。⑥清浄光《しょうじょうこう》。衆生のむさぼりを除くきよらかな光。⑦歓喜光《かんぎこう》。衆生のいかりを除きよろこびを与える光。⑧智慧光。衆生のまどいを除き智慧を与える光。⑨不断光。常に照らす光。⑩難思光《なんじこう》。思いはかることができない光。⑪無称光。説き尽すことができず、言葉も及ばない光。⑫超日月光《ちょうにちがっこう》。日月に超えすぐれた光」と説明されています。「無明」については「愚痴とも無知ともいう。真理に暗く、もののあるがままのありよう（実相）に背いた見解をいう。すべての煩悩の根本。迷いの根源。また浄土真宗では、本願を疑い仏智を明らかに信じないことを無明という場合もある」との註釈があります。

「恵日」は「智恵（智慧）の輝きを太陽に喩えた語」と註釈されていますので、「無礙の光明は無明の闇を破する恵日なり」とは、何ものにもさえぎられることのない阿弥陀仏《あみだぶつ》の「十二光」は、真理に通じていない無知な人間の闇を破る太陽の光のようである、と解釈できそうです。「無明の闇」が「呪はれの夜の悪夢」を連想させますし、阿弥陀仏の光明が太陽の光のようだということ、そしてその光は無知で真理に暗い人間を迷いの闇から救うものという点も「人間に光あれ」を読み解くヒントになりそうです。

3　ルシファーがもたらす「『真理』の光」

起きてみろ、夜明けだ

「水平社創立発起者」が発行人となり、一九二二年二月に発行された水平社創立趣意書『よき日の為めに』は、西光が執筆しました。水平社創立趣意書というように、そこには水平社を創立する目的や趣旨がまとめられていますので、その巻頭言である「わしはルシファー」はそれらを象徴的に表したものに間違いありません。また、『よき日の為めに』も西光の個人名で発行された冊子ではなく、この巻頭言が西光特有の難解で謎めいた表現であったとしても、その解釈については「水平社創立発起者」である阪本清一郎《さかもとせいいちろう》や駒井喜作などと無論共有され、共通の理解がなされていたことに間違いありません。ということはこの巻頭言には非常に重要なキーワードが含まれているはずです。

ここでもう一度その文章を確認しましょう。

わしはルシファー！

お前達の幸福を望み、お前達の苦痛を悩むところの光を齎すものだ、太陽の回帰を告げる暁の新しい星を御覧！　あれがわしの星で、あの上に「真理」の光を反射する鏡が懸つてゐる。

（水平社創立趣意書『よき日の為めに』）

この短い文章の中に「光」が二回も使われています。

『よき日の為めに』は、佐野学《さのまなぶ》の「解放の原則」に始まり、西光が執筆した「吾等の中より」「運命」「無碍道」「夜明け」の章で構成されています。この「わしはルシファー」という巻頭言は、「夜明け」の章の内容を詩的に表現した文章にしか過ぎず、ここに登場する「光」も一見するとそれは単に夜明けの太陽の光を表しただけのように感じられるかも知れませんが、決してそうではないでしょう。

「人間に光あれ」と訴えた西光自身の筆によってこの文章が書かれていることや、発行時期、またこの文章に「光」が二度も登場していることなどを考えると、この短い文章には「人間に光あれ」の意味を考えるうえで非常に重要な鍵が隠されているはずです。つまり、この文章を読み解くことが、「人間に光あれ」の解釈につながるはずです。

まず、冒頭の「ルシファー」（Lucifer）は、ルキフェルやルシフェルとも発音され、それは、明けの明《みょう》星《じょう》、すなわち金星を意味します。『ブリタニカ国際大百科事典　小項目電子辞書版』（ブリタニカ・ジャパン、二〇一四年）にはルキフェルの項目で、「キリスト教の伝承では、ルキフェルは、「黎明の子、明けの明星よ、あなたは天から落ちてしまった」という『イザヤ書』一四章一二の章句に基づいて、堕天使の頭サタンと同一視され、もっぱらその別名として用いられるようになった」と解説されています。また、「光をもたらす者」という意味もあり、その意味通り先の文章で西光は「お前達の幸福を望み、お前達の苦痛を悩むところの光を齎すもの」と表現しています。ルシファーは、「吾々」部落民を悩みから解放するとともに幸せに導く光をもたらす存在だと「水平社創立発起者」は言うのです。

夜が明ける前の薄明りの東の空に太陽に先駆けて明るく輝く星、それが金星（明けの明星）です。その明けの明星を西光は「太陽の回帰を告げる暁の新しい星」と表現しています。ルシファーは「太陽の回帰を告げる星」、つまり、夜明け（黎明《れいめい》）を告げる存在ということです。

さらに西光は、ルシファー（金星）には「『真理』の光を反射する鏡」がかかっていると言います。金星は自ら発光する恒星ではなく、太陽系に属する惑星の一つで、金星が輝いて見えるのは太陽の光を反射しているからです。『広辞苑』では、「表面は厚い雲でおおわれ、光の反射率は〇・七八」「最大光度は一等星の数十倍になる」と、また『ブリタニカ国際大百科事典 小項目電子辞書版』では、「最大実視等級は－四・四等に達し、惑星のうちで最も明る」いと解説されています。つまり金星は太陽の光を最も強く反射して明るく輝く特性があります。すなわち、金星そのものに「鏡」のような特性があるということですが、さらにそのうえに「『真理』の光を反射する鏡が懸つてゐる」と言うのです。この「鏡」についてはここではおいておきましょう。

金星の特性からするとルシファーがもたらす光は太陽光ということになりそうですが、西光はそれを「『真理』の光」と言うのですから単なる太陽光ではないはずです。

先ほど見た「黎明」や「夜明け」も重要なキーワードで、『よき日の為めに』の「夜明け」の章には次のようにあります。

起きて見ろ――夜明けだ。

吾々は長い夜の憤怒と悲嘆と怨恨と呪咀とやがて茫然の悪夢を払ひのけて新しい血に甦へらねばならぬ。

今インフエルノからパラヂンへの浄めの阪を上るのだ。

今よもつ比良阪を駆せのぼるのだ。

全国内の因襲的階級制の受難者よ。

寄つて来い――夜明けの洗礼を受けるのだよき日の晨朝礼讃を勤行するのだ。

起きて見ろ――夜明けだ。


「起きて見ろ――夜明けだ」、つまり夜明けを告げるルシファーの存在に気づいて目覚めよと、「水平社創立発起者」は力強く訴えます。さらに続けて「吾々は長い夜の憤怒と悲嘆と怨恨と呪詛とやがて茫然の悪夢を払ひのけて新しい血に甦《よみが》へらねばならぬ」と言います。ここは、水平社宣言の「呪はれの夜の悪夢のうちにも、なほ誇り得る人間の血は、涸れずにあつた」の一文を連想させます。西光は、ルシファーが太陽の回帰を告げる星であるように、虐げられてきた「吾々」部落民もルシファーが反射させる「『真理』の光」を受けて生き返らなければいけない、と述べます。「よもつ」とは「黄泉《よみ》の」という意味です。黄泉は死後に魂がいくというところで、死者が住むと信じられた国です。「よもつ比良阪《ひらさか》」とは、現世と黄泉との境にあるという坂のことで、「インフエルノ」（地獄）から抜け出し、その坂を駆けのぼって「甦へらねばならぬ」

と「水平社創立発起者」は訴えています。

洗礼は『広辞苑』によると、「キリスト教で信者となるための儀式。全身を水中に浸し、または頭上に水をそそぐことによって、原罪を洗い浄め新たな生命によみがえることを象徴する」とありますので、これも生まれ変わるという意味になります。

人間の血は涸れず

ここでもう一度、『よき日の為めに』から、次の文章を振り返ってみましょう。

吾々は運命を呟く事は要らない、運命は吾々に努力を惜ませるものではない、成就しなければならない大きな任務をもつた今日の如き時代は、幸福である、斯くて、光栄の疲労の重さの下に倒れる人は幸福である、かくて倒れる方が空虚な倦厭の中に倒れたり、他人の為た仕事を悲しげに見まもつたりするよりは、よいではないか。

諦めの運命より闘争の運命を自覚せよ。

あらゆる苦難のある闘争の方が所謂美しい死よりもよいではないか、それに吾々が何等溌溂な自発的社会運動を起し得ないのは、社会生活に無感覚である為か。無感覚は死の仮面だ、それなれば、一切黙つてゐるがいゝ、ゴーリキイがいつてゐる――呟いたり不平を云つたりして、それが何になる、破れるまで、仆れるまで、生きて生きて生き続けよ、そして既に破れてゐるのならば、黙つて死を待つてゐろ、全世界の智識は只之れ丈だ、解つたかね。

吾々の運命は生きねばならぬ運命だ、親鸞の弟子なる宗教家？　によつて誤られたる運命の凝視、あるひは諦観は、吾々親鸞の同行によつて正されねばならない、即ち、それは吾々が悲嘆と苦悩に疲れ果て、茫然してゐる事ではなく――終りまで待つものは救はるべし――と云つたナザレのイエスの心もちに生きる事だ、そしてそれは吾々に開かれるまで叩かねばならぬ事を覚悟させるものだ。

叩かずして開かれる時を待つものは、やがて歩まずして入る時を待つものだ、虫の好い男よ！　永遠に冷たき門に立て。

「運命は吾々に努力を惜ませるものではない、成就しなければならない大きな任務をもつた今日の如き時代」という箇所が、「人間が神にかわらうとする時代」を連想させます。ということは、「成就しなければならない大きな任務」とは「人間が神にかわる」という大胆不敵な闘いということでしょうか、などと考えて寄り道しそうになりますが、それはひとまずおいておきましょう。

西光が言う「無感覚は死の仮面」とは、闘うことをあきらめ堕落したまま生きている状態を表現していることは確認しました。また、無感覚と対比させて「泣いたり笑つたり喚いたりして」感情を素直に表すことができる喜びに満ちた自由な姿を「水平社創立発起者」は、「人間らしき人間」と言っていることも確認しました。

『よき日の為めに』の次の二つの文章も、思い返してみましょう。

吾人の記憶す可き事は文明（封建的階級制）は労働者（吾々）を駆つて、吾等かくの如く貧弱にして且つ悲惨なる存在に到らしめたが為めに彼等は殆んど今日持続するのより更によき生活を考慮する事が出来ないと云ふ事である。（ウイリアム、モリス）

吾等はは《ママ》唯、無意識に社会進化の必然に押し流されてゐた吾等の或者は只漠然と今日の境遇が何とか変らねばならぬ――そして変るだらうといふ予感をもつてゐた、しかし、それが、どうして変るのか、またどう変へねばならぬかゞ、わからなかつた、よし幾らか、それがあつても、少くとも自分から新境遇を来らせるために、闘はうとはせなかつた。

長い間受けてきた差別によって「吾等かくの如く貧弱にして且つ悲惨なる存在に到らしめ」られ、「今日持続するのより更によき生活を考慮する事が出来」ない状態となり、「無意識に社会進化の必然に押し流されされ」「、知らない間に尊厳や権利や自由をかすめ取られてきたにもかかわらず、「自分から新境遇を来らせるために、闘はうとはせなかつた」、その無感覚な状態を、また闘うことをあきらめてきたその状態を、正確に言うのならあきらめさせられてきたその状態を「死の仮面」「呪はれの夜の悪夢」と創立者たちは表現しているのでしょう。

そうした「悪夢」の中にあっても「今日の境遇が何とか変らねばならぬ――そして変るだらうといふ予感をもつてゐた」、けれど「どうして変るのか、またどう変へねばならぬかゞわからなかつた」と言うわけです。こうした表現からは、まだ希望を完全には失ってしまったわけではなかった、絶望にいたったわけではなかったという一縷《いちる》の望みが感じられます。

この表現とともに注目されるのは「死の仮面」という表現です。「仮面」というかぎり、完全には死んではいないという意味が含まれていると考えられます。つまり、まだ生き返ろうと、生きようとする潜在的な意識は完全にはなくなっていなかった、それはすなわち「呪はれの夜の悪夢のうちにも、なほ誇り得る人間の血は、涸れずにあつた」ということでしょう。

ルシファーが反射する光明

「水平社創立発起者」は、無感覚が「死（の仮面）」だと捉えているわけですから、「新しい血に甦へらねばならぬ」や「よもつ比良阪を駆せのぼる」「夜明けの洗礼を受ける」と、西光がさまざまに表現している生き返るということは、感覚を取り戻すということになりそうです。

西光は、「すばらしい人間の相をながめながら、泣いたり笑つたり喚いたりしてゐる」その様を「何うしてこれをしづかに、のんきに笑つて傍観しで居られよう」と言っていましたので、感覚を取り戻すということは、感情を取り戻すこととも考えられそうです。それが「『人間らしき人間』を取り戻すこと」ということだと私は考えています。つまり、それこそが綱領第三項の「人間性の原理に覚醒」するということだと考えているのです。

ここで「わしはルシファー」を読み返してみましょう。無意識のうちに尊厳や権利や自由をかすめ取られてきた苦痛や、どうすれば人間の尊厳を取り戻せるのかに悩んでいた部落民を、その悪夢から救う存在がルシファーであり、さらに「太陽の回帰を告げる星」であるルシファーは、「夜明け」「黎明」「甦る」を象徴する存在ということでしょう。その明けの明星であるルシファーが反射させる「『真理』の光」こそ、感覚や感情を取り返す、つまり「人間らしき人間」を取り戻すその変化をもたらすきっかけとなるものと考えられそうです。

「『真理』の光」が重要なキーワードですが、「真理」と言えば何か思い出さないでしょうか。そうです、「無礙の光明は無明の闇を破する恵日なり」の「光明」です。光明は、「仏・菩薩の心身に具わる光。迷いの闇を破し、真理をさとりあらわす仏・菩薩の智慧を象徴するもの」とありました。

金星（明けの明星）であるルシファーは、太陽の光を強く反射する特性があり、それを西光は鏡に喩《たと》えていました。光明は「恵日なり」、つまり仏や菩薩《ぼさつ》の智慧《ちえ》を象徴する光は太陽の光のようだというのですから、ルシファーが反射させて「吾々」部落民にもたらす光とは、「無礙《むげ》の光明」ということではないでしょうか。その光明が、夜明け前の「無明の闇」や「迷いの闇」を「破する」、つまり、「長い夜の憤怒と悲嘆と怨恨と呪詛とやがて茫然の悪夢を払いのけ」る、「呪はれの夜の悪夢」を「破する」ということになるのではないでしょうか。

ここでもうひとつ、西光が西光寺一のペンネームで書いた『警鐘』第二巻第一一号（一九二二年一一月）の「△鐘によせて」を思い出してください。

黎明に鐘がなる
追放されたるイブとアダムは、
悲嘆と当惑の頭をあげる、
そこから親鸞が同行し

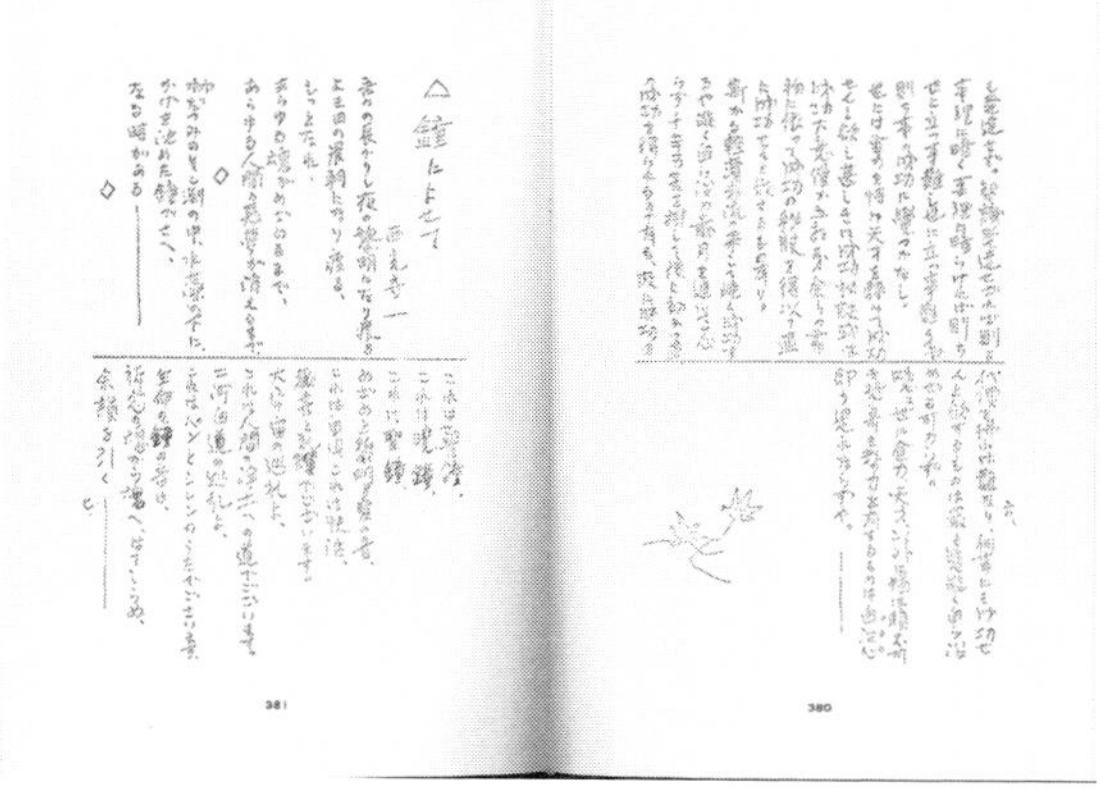

西光寺一「△鐘によせて」

ルシファーの蛇が案内する、
地獄のかなた、人間の浄土よ――
◇
鐘の音は、
人間の魂に反響しまたこだまして
ライジングゼエレネーションを奏曲するよ
見給へ、はるかなるかなたより、
よき日の先駆は、
しらしらとして歩みよる――

「追放されたるイブとアダム」とは、『聖書』の物語において神から食べることを禁じられていたある果実を食べてしまい、エデンの園を追放されたてしまった「イブとアダム」ということでしょう。そんな二人が地獄に落とされたと悲嘆し、当惑しながら頭をあげたところ、そんな二人に親鸞が同行するというのです。そしてルシファーの蛇が案内する地獄のかなたの行先はなんと「人間の浄土」だというのです。『浄土真宗聖典』の「補註（要語解説）」では、「浄土」は「阿弥陀仏の浄土」として説明されていて、「光明無量、寿命無量の徳の実現している真実報土」とあり、宗祖である親鸞は光明の世界と表現していると解説されています。また、「阿弥陀仏のさとりの世界」とも記されています。「阿弥陀仏の浄土」ではなく、「人間の浄土」という西光の表現も気になるところですが、一旦記憶に留めておくことにしましょう。

では、ルシファーによって反射される光が虐げられし者たちにもたらす「夜明け」や「真理」とは一体何を意味しているのでしょうか。キリスト教の伝承では、ルシファーは神に反逆した堕天使であり、サタンと同一視される存在でした。「荊冠旗《けいかんき》」をデザインするなどキリスト教の思想にも影響を受けていた西光は、悪魔の象徴でもあるルシファーが部落民の悩みや苦悩を解き放ち、幸福をもたらす存在だと捉えているのです。西光はルシファーのどうした振る舞いに救世主の姿を見たのでしょう。

すでに紹介したように『よき日の為めに』の内容を補足するために同封されたビラには、全国水平社創立の目的は「過去に於て吾々の祖先が奪はれ現在も因襲的に将来しつつある、『人間らしき人間』を取り戻すことである」と記されていました。この「『人間らしき人間』を取り戻す」という文言に、『聖書』に登場する「ルシファーの蛇」が果たした役割が見えてきます。さらに「ルシファーの蛇」が「イブとアダム」にもたらした変化、これを読み解いていくと、「人間が神にかわらうとする時代にあうたのだ」の一文の解釈も見えてきそうです。

4 「ルシファーの蛇」がもたらした変化

人間性の原理への覚醒

西光の「△鐘によせて」に登場する「イブとアダム」は、『聖書』に登場する神が創造した「人」の名前であることは確認しました。その『聖書』は、「創世記」という項目で始まり、その冒頭は「元始《はじめ》に神天地を創造《つくり》たまへり」（米国聖書協会『旧新約聖書』、一九一四年、以下『聖書』については同書）です。さらに、神が「光あれ」と言うと地に光が差し、神は光を昼と名づけ、闇を夜と名づけました。その後神は、大地や空、海を創造し、そこに草木を生やし、動物を住まわせます。「創世記」には、神がどのように世界を創造したかが記されています。そして六日目に神は、「我儕《われら》に象《かたど》りて我儕の像《かたち》のごとくに我儕人を造り之に海の魚と天空の鳥と家畜と全地と地に匍《は》ふ所の諸《すべて》の昆虫《はふもの》を治《をさ》めしめん」と考え、「男と女」を創造したということです。そして神は「其《その》造りたる諸《すべて》の物を視たまひけるに甚だ善《よか》りき」と言いました。

その後神は、命の木と「善悪を知《しる》の樹」（以下、知識の樹…筆者注）を植えたエデンの園にアダムを住まわせ、園のすべての木の果実は思うように取って食べてかまわないけれど、「善悪を知の樹は汝その果を食《くら》ふべからず汝之を食《くら》ふ日には必ず死《しぬ》べければなり」と、神自身が知識の樹を創造したにもかかわらず、その果実は食べてはいけないとアダムに伝えます。それは「人」に原罪を負わせるための布石であるのですが、物語はさらに続きます。

神は、アダムが独りでいるのはよくないとして、眠り込んでいたアダムから抜き取ったあばら骨の一部で「女」を造り、アダムのところへ連れていきます。この「女」がイブで、その後アダムとイブの二人は知識の樹の果実を食べることになるのですが、それまでのアダムとイブは「二人倶《とも》に裸体《はだか》にして愧《はぢ》ざりき」、つまり羞恥心などの感情を持っていない無垢《むく》で神に従順な存在として描かれています。そしてアダムとイブが暮らしていたエデンの園に蛇が現れるのです。

神が創造した野の生き物の中で最も狡猾《こうかつ》な生き物が蛇で、エデンの園に現れた蛇は、園のどの木の果実も食べてはいけないと神が言ったのかと、イブに話しかけます。イブは、知識の樹の果実は食べたり触ったりしてはいけないと神から告げられたと蛇に答え、神の言いつけを守ろうとします。しかし蛇は、それを食べても神が言ったように死ぬことは決してなく、それを食べると目が開け、神のように善悪を知るものになると続け、イブが知識の樹の果実に手を出すようにそそのかします。

蛇の誘惑に負けたイブは、神の命に背いてついにその魅惑的な果実に手を出し、食べてしまいます。さらに、イブからその果実を渡されたアダムもそれを食べてしまいます。知識の樹の果実を食べたことにより善悪の知識を得た二人は、お互いが裸であることを知り羞恥を覚えますが、約束を破った二人は神の怒りを買い、裁きを受けることとなります。すなわち、イブには出産の際の苦しみが与えられ、アダムにはイバラとアザミが生えるようになった大地から食べ物を収穫するという苦難が与えられたのです。そのうえで、二人は園を追放されます。

ここで重要なポイントのひとつは、知識の樹の果実を口にしたことによって二人が感情を取り戻し、知性や理性を回復したということではないでしょうか。つまりそれは人間が人間であることの重要な証のひとつで、『よき日の為めに』の内容を補足するビラにあった「『人間らしき人間』を取り戻す」ことにつながったということではないでしょうか。ということは、逆に言うと知識の樹の果実を食べる前の二人は感情や知性を持ち合わせていない神に従順な無感覚な存在だったということです。つまり西光は、このアダムとイブの神に従順で無感覚な状態を、社会改良家に支配されて堕落させられてきた自分たち部落民に重ねているのではないかと私は考えていて、それこそが「無感覚は死の仮面」ということだと思うのです。

「人間は尊敬す可きものだ」（『水平』第一巻第二号、一九二二年一一月）で西光は、「すばらしい人間の相をながめながら、泣いたり笑つたり喚いたりしてゐる」そのさまを、つまり、抑制されることなく思いのままに感情を表現し爆発させることができるそのさまを、「何うしてこれをしづかに、のんきに笑つて傍観して居られよう」と言っていました。これこそが人間の本来の姿だと西光は言いたいのでしょう。アダムとイブが自身の意思によって果実を口にして感情を取り戻したように、「吾々」部落民も自身の手で「人間らしき人間」つまり人間の尊厳や感覚を取り戻さなければならないと創立者たちは言いたいのでしょう。自身の人間性や存在価値を認め尊重するそうした自尊感情も含めて、感覚や感情を取り戻すこと、自由を取り戻すこと、それこそが差別を受けてきた部落民にとっての人間性の原理への覚醒ではないかと思うのです。

「人間の浄土」への道

そのアダムとイブが覚醒するきっかけとなったのが、蛇でした。『ビジュアル大百科 聖書の世界』（マイケル・コリンズ総監修、明石書店、二〇一六年）には、サタンとは「敵対者」を意味するヘブライ語で、その役割は神に対抗することとあり、また『旧約聖書』では多くの悪のひとつで、エデンの園の蛇もこれに数えられると解説されています。つまり、このエデンの園に登場した蛇こそ、西光が表現するところの「ルシファーの蛇」で間違いないでしょう。

西光の「△鐘によせて」には「追放されたるイブとアダムは、悲嘆と当惑の頭をあげる」とありました。これは、神の怒りを買い、罰を受けた二人がどうしていいかわからず、悲しみ困り果てているなか、鐘の音に反応して何気なく顔を上げたところ、そこに親鸞が救済に現れ、ともに往生をとげると解釈されそうですが、西光は「黎明に鐘が鳴る」と言うのですから、また、親鸞と「ルシファーの蛇」が「イブとアダム」を「人間の浄土」へ導くと言うのですから、そうではないでしょう。

西光の「△鐘によせて」の書き出しは、次のようになっています。

吾々の長かりし夜の黎明になり渡る
よき日の晨朝になり渡る、
もっとなれ、
あらゆる魂がめざめるまで、
あらゆる人間の悪夢が消えるまで、

◇

わだつみのそこ渕の中、水藻の下に、
かげを沈めた鐘でさへ、
なる時がある――――

◇

これは警鐘。
これは暁鐘、
これは聖鐘、
めざめと黎明と愛の音、
これは自由、これは快活、
歓喜と礼讃でございます。

大宇宙の巡礼よ、
これは人間の浄土への道でございます。
二河白道の巡礼よ、
これはパンとシレンのうたでございます。
生命の鐘の音は、
祈念の魂から魂へ、はてしらぬ、
余韻を引く――

西光は黎明に鳴るこの鐘を、「警鐘」であり、「暁鐘《ぎょうしょう》」であり、「聖鐘」だと言い、さらに「めざめと黎明と愛の音、これは自由、これは快活、歓喜と礼讃でございます」と表現しているのです。つまりそれは新しい何かの幕開け、それも肯定的な、と言うよりももっと積極的な、意気揚々とした始まりを表しています。「悲嘆」はエデンの園を追放された二人の悲しみを表しているのかも知れませんが、この「当惑」は、単に打ちひしがれてどうしていいかわからず戸惑っているという意味では決してないはずです。それこそ「起きて見ろ――夜明けだ」「吾々は長い夜の憤怒と悲嘆と怨恨と呪咀とやがて茫然の悪夢を払ひのけて新しい血に甦へらねばならぬ」という文章が思い起こされます。

神との約束を破るという罪を犯して地獄に落とされたと思ったら、どうもそうではなさそうで、「ルシファーの蛇が案内する」そのはるか先には、なんと「人間の浄土」があるではないか、という「当惑」ではないでしょうか。それどころか「イブとアダム」がそれまで存在していた世界、つまり神に服従していた世界、言い換えれば神に支配されていた世界こそ「長かりし夜」の「あらゆる人間の悪夢」、水平社宣言で言うところの「呪はれの夜の悪夢」ということなのではないでしょうか。

さらに言うと「わだつみのそこ渕の中、水藻の下に、かげを沈めた鐘でさへ、なる時がある」は、水平社宣言の「なほ誇り得る人間の血は、涸れずにあつた」を連想させ、「あらゆる魂がめざめるまで」は、綱領第三項の「吾等は人間性の原理に覚醒」を連想させます。

親鸞が同行してルシファーの蛇が案内する「人間の浄土」とはどういう世界でしょうか。親鸞が言うには「阿弥陀仏の浄土」は光明の世界ということでした。ということは逆に「長かりし夜」の「あらゆる人間の悪夢」や、「呪はれの夜の悪夢」とは、黎明を告げるルシファー（金星）が輝く前の真っ暗な夜、つまり無明の闇の世界と考えられそうです。無明は「愚痴とも無知ともいう。真理に暗く、もののあるがままのありよう（実相）に背いた見解をいう。すべての煩悩の根本。迷いの根源」という意味でした。「イブとアダム」は知識の樹の果実を食べるまではまさしく「無知」な存在でした。言い換えれば、「イブとアダム」（吾々）は、人間らしき人間、つまり人間の尊厳とは何かがわからずに彷徨《さまよ》う、真理に暗い存在だったと西光は言いたいのではないかと思うのです。それこそ「無明の闇」ということにもなるでしょう。

真理に暗く神に従順な人の形をしただけのアダムとイブが、言い換えれば「死の仮面」をかぶったものが、知識の樹の果実を食べたことにより感情や知性を取り戻し「人間らしき人間」とは何かを悟った、つまり真理に明るい存在となった、生まれ変わったということを西光は言いたいのではないでしょうか。「ルシファーの蛇」が与えたきっかけによって「吾々」（「イブとアダム」）は真理へと続く道、つまり「人間の浄土」へのスタート地点に立った、それこそ「人間性の原理に覚醒」したことを意味しているのではないかと私は考えているのです。

ただ、「浄土」については、先に見たように「阿弥陀仏の浄土」として説明されていました。西光が表現している「人間の浄土」とは何を意味しているのでしょうか。

「阿弥陀仏の浄土」とは、「完全に煩悩《ぼんのう》が寂滅《じゃくめつ》した無為涅槃界《むいねはんがい》である」と『浄土真宗聖典』には解説されています。「寂滅」とは「涅槃の異名」とあり、「涅槃」とは「すべての煩悩を滅したさとりの境地」で「仏教の究極的な実践目的である」と解説されています。「無為」とはさまざまな因縁によって生成されたものではない存在、不変の真実のこと、また「煩悩」は、「貪欲《とんよく》（むさぼり・我欲）・瞋恚《しんに》（いかり）・愚痴《ぐち》（おろかさ・真理に対する無知）」とあります。

聞きなれない言葉や画数の多い漢字が並んで、頭が混乱しそうですが、とにもかくにも「阿弥陀仏の浄土」とは、我欲やいかり、また真理に対する無知といった煩悩が完全に滅した「さとりの境地」と読み取れそうです。

また、「さとり」を開くとは、まよいを脱して「真理」を会得することと『広辞苑』にはありました。これまでに何度も出てきた「真理」が何を意味するのか非常に気になるところですが、『浄土真宗聖典』にも註釈がありません。註釈がないということには、何らかの意味があるはずです。西光も「業報に喘ぐ」でレッシングの言葉を借りて、次のように述べています。

レッシングはいう、「もし神が私に左の手で真理の追求を、右の手で真理をくれるなら、私は彼の右の手をつかんでいうだろう――神よ、真理は持っていてください。それはあなたお一人のものである」と。

（西光万吉「業報に喘ぐ」前篇（四）、『中外日報』一九二二年一〇月一〇日）

つまり、大事なことは「真理」とは何かを考え続け、追求し続けることだということでしょう。

さらに『浄土真宗聖典』には、現世での命を終えるとすぐに「阿弥陀仏の浄土」に往生し仏になるとありますので、こうしたことから考えると、西光が言う「人間の浄土」とは現世における人間の世界での「浄土」を意味しているのではないかと考えてしまいます。「阿弥陀仏の浄土」はこの世を去るとすぐにたどり着く「境地」でしたが、「人間の浄土」は「人間性の原理に覚醒」したとしてもすぐにはたどり着ける世界ではないと、また真理は追求し続けなければならないと西光は言いたいのだと思うのです。

「浄土」が生まれ変わってたどり着く場所だということは、『よき日の為めに』の次の文章とのかかわりも見えてきそうです。

今インフエルノからパラヂンへの浄めの阪を上るのだ。
今よもつ比良阪を駆せのぼるのだ。
全国内の因襲的階級制の受難者よ。
寄つて来い――夜明けの洗礼を受けるのだよき日の晨朝礼讃を勤行するのだ。
起きて見ろ――夜明けだ。

この文章の「よもつ比良阪を駆せのぼる」「洗礼」、太陽の回帰を意味する「夜明け」、これらすべてが甦ることや生き返ることを意味していました。『広辞苑』によると「勤行」は、勤めて仏道修行をすることとあります。西光は、生まれ変わって「よき日の晨朝礼讃を勤行するのだ」と言うのですから、この「よき日」を西光は「人間の浄土」と言い換えていると考えられます。つまりそれこそ創立者たちがめざそうとした「人類最高の完成」ということでしょう。

人間の世界に「浄土」を実現しようというのですから、並大抵の努力では実現できそうもない目標でしょう。だからこそ気の遠くなるような苦難の荊《いばら》の道が続く「地獄のかなた」にそれが見えると西光は表現しているのではないかと、私は解釈しているのです。

「人間性の原理に覚醒」してスタート地点に立った「吾々」は、「特種部落民なる名称が賤視的観念より乖離するであらうよき日」を実現するために、さらには人間みんなが「人間性の原理に覚醒」して多様なアイデンティティが肯定される、受容されるそんな「人類最高の完成」を実現するために、「人間の浄土」へと続く「二河白道」の試練の道をこれから突き進むのだと、迷うことなく「真理」を追求し続け「人間の浄土」へ向かうのだと「水平社創立発起者」は言うのではないかと私は受け止めています。これが水平社運動で、ここに水平社創立者たちの並々ならぬ決意と覚悟を感じるのです。

5　自身の力による「覚醒」

受け身でなく自ら解放せん

さらにここでもうひとつ重要なことは、「イブとアダム」が「蛇」に無理やりその実を口に入れられたわけではなく、ルシファーの主導があったとしても二人が自身の意思によってそれを食べたということです。つまり、自らの手で変わろうとしたことがポイントなのであり、水平社宣言の「此際吾等の中より人間を尊敬する事によつて自ら解放せん」に通じる意味が含まれていると考えられます。「自ら解放せん」、すなわち自身の力で目覚めること、受け身ではなく自らの力で覚醒することが大事なのだと創立者たちは言いたいのでしょう。

ここにルシファーを介在させる意味があります。つまり、菩薩や阿弥陀仏の「無礙の光明」を単に受け身で浴びることによって覚醒させられるのではダメだということです。ルシファーはあくまでもきっかけに過ぎないということです。「水平社創立発起者」は『よき日の為めに』で、「吾々も、すばらしい人間である事を、よろこばねばならない」「吾々は、即ち因襲的階級制の受難者は、今までのやうに、尊敬す可き人間を、安つぽくする様な事をしてはいけない、いたづらに社会に向つて呟く事を止めて、吾々の解放は、吾々自身の行動である事に気付かねばならない」と訴えていました。つまり、人間の尊厳や平等や自由は与えられるものではなく、自らの力で回復し、獲得するものであることに気づくこと、水平社宣言の「自ら解放せん」、それが綱領第一項の「特殊部落民は部落民自身の行動によつて絶対の解放を期す」ということです。

『よき日の為めに』の巻頭言「わしはルシファー」を思い出してみましょう。「ルシファーの蛇」が「イブとアダム」に知識の樹の果実を食べるように誘いかけたのと同じく、西光がそこに登場させた明けの明星（金星）であるルシファーは「御覧！」と強く呼びかけ、自身が反射させる「『真理』の光」に気づくように私たちを誘導しています。つまり、自らの意思で「人間らしき人間」に覚醒するように「イブとアダム」

を導いた存在が「ルシファーの蛇」だったように、自らの力で「人間性の原理に覚醒」するように私たち人間を導く存在が明けの明星（金星）のルシファーだと西光は言いたいのだと思うのです。西光は、「ルシファー」の「蛇」としての意味と「明けの明星」としての意味、またそれぞれの役割や特性を複雑に絡めながら全国水平社創立の理念や思想を表現しているのだろうと私は考えているのです。

ここで、次の文章を思い出してみましょう。

吾等はは唯《ママ》、無意識に社会進化の必然に押し流されてゐた吾等の或者は只漠然と今日の境遇が何とか変らねばならぬ――そして変るだらうといふ予感をもつてゐた、しかし、それが、どうして変るのか、またどう変へねばならぬかゞ、わからなかつた、よし幾らか、それがあつても、少くとも自分から新境遇を来らせるために、闘はうとはせなかつた。

（水平社創立趣意書『よき日の為めに』）

「どうして変るのか、またどう変へねばならぬかゞわからなかつた」苦悩の状況を打破し、人間の尊厳を求めて自ら闘うために必要なきっかけを与える存在がルシファーで、創立者たちが言うところの「吾々」を苦悩から救う光をもたらす存在がルシファーだということでしょう。金星には太陽の光を最も強く反射して明るく輝く「鏡」のような特性がありました。ルシファー（金星）が反射するのは「『真理』の光」、つまりそれは、「無明の闇を破する」太陽のような光明ということです。すなわち、真理に通じていない無知な人間の無明の闇を破る菩薩の太陽のような光明を反射させて届ける存在が、夜明けを告げる明けの明星

〈金星〉のルシファーだということでしょう。私たち自らがその光明に気づき、その光を浴びることによって自らの力で人間性の原理に覚醒することが大事だと「水平社創立発起者」は言うのです。つまりこれが、ルシファーが言うところの「お前達の幸福を望み、お前達の苦痛を悩むところの光を齎すものだ」ということでしょう。夜明けを告げるルシファーがもたらす光は「呪はれの夜の悪夢」から目覚めさせる光で、明けの明星であるルシファーが、私たち人間みんなが自らの力で「人間性の原理に覚醒」するきっかけを与える存在だと西光は言うのです。

卑下と賤視の克服

なんとなく「人間に光あれ」の意味が見えてきた感じがありますが、先の『よき日の為めに』の引用にはもうひとつ重要なポイントがあります。それは「漠然と今日の境遇が何とか変らねばならぬ——そして変るだらうといふ予感をもつてゐた」という箇所です。それは、アダムとイブが自ら知識の樹の果実を食べて感情を取り戻そうとする潜在的な意識を失っていなかったように、無明の「呪はれの夜の悪夢」の中にあったなかでも「吾々」部落民も自らの力で人間性の原理に目覚めようとする潜在的な意識は完全には失ってはいなかったということでしょう。つまり、ルシファーの誘引によって「『真理』の光」の存在に気づいて、人間は尊敬すべきものであるということに自ら覚醒し、「吾々がエタである事を誇る時が来た」と叫び、差別を克服して人間の尊厳を求める運動を起こす、すなわち水平社運動を起こす「人間の血は、涸れずにあつた」ということです。「人間を勦るかの如き運動は、かへつて多くの兄弟を堕落させた事を想へば、此際吾等の中より人間を尊敬する事によつて自ら解放せんとする者の集団運動を起せるは、寧ろ必然」

だったというわけです。与えられなくとも自ら変わろうとする「人間の血は、涸れずにあつた」、ただそのきっかけが必要だったということでしょう。

水平社宣言では「吾等の中より人間を尊敬する事によつて自ら解放せん」と表現されています。「吾等」ですからつまり、「人間みんな」が対象です。さらに綱領第三項も「吾等は人間性の原理に覚醒し人類最高の完成に向つて突進す」と「吾等」となっています。

これについて西光の「人間は尊敬す可きものだ」には次のような文章があります。

吾等はまづ吾等の感情を繋ぐ鎖を断ち切らねばならぬそしてたとへその一端がなほ社会の不合理なる差別者の手に把られてゐるとしても、彼等の感情がなほ不合理なる差別観念に縛されているとしても、それをとり去る事は吾等の仕事であるよりも侮蔑者の理心を吾等以上に理解せる人達の仕事に属すべきものであらう。

現代社会の不合理なる差別相を撤廃するに当つて、それを構成するものが卑下と賤視の感情である以上、吾等卑下の体験者の執る可き当面の合理的方法は卑下の感情を矯す可く努力する事の他にない。然るに、若しこゝに他人を賤視し侮辱するに慣ている暴君があつて、卑下者に対して卑下をとり去る事を命令し強要したとすれば何うであらう、それは実に木によりて魚を求めよと強要する事以上の無法である。

西光は、「現代社会の不合理なる差別相を撤廃するに当つて、それを構成するものが卑下と賤視の感情である」と言います。そして「卑下の体験者」である「吾々」部落民が「執る可き当面の合理的方法は卑下の感情を矯す可く努力する事」だと言います。つまり、長年受けてきた差別によって人間の尊厳の自覚さえ持つことができない状況に置かれ、自分自身も尊敬されるべき人間であるにもかかわらず、自身を劣っている存在と思い込まされ、増幅させられてきた卑下感情を「吾々」部落民が自身の力で克服して、自尊感情を育成する努力をすることだと言います。

『よき日の為めに』の「運命」の章で西光は、「ナザレのイエスの心もちに生きる事だ、そしてそれは吾々に開かれるまで叩かねばならぬ事を覚悟させるものだ。／叩かずして開かれる時を待つものは、やがて歩まずして入る時を待つものだ、虫の好い男よ！　永遠に冷たき門に立て」と記していました。「神」や「神」に属する者から平等や人間の尊厳を与えられることを待っていたとしても、人間を勦るそうした者たちが「冷たき門」を解き放つことは決してなく、そこに立ち尽くすかぎり「人の世の冷たさ」に、つまり差別にさらされるだけで、人間の尊厳や平等は自らの闘いでのみ手に入れられるものだと創立者たちは再三訴えます。

そして部落民を賤視してきた者たちの「感情がなほ不合理なる差別観念に縛されているとしても、それをとり去る事は吾等の仕事であるよりも侮蔑者の理心を吾等以上に理解せる人達の仕事に属すべきものであらう」と言います。長年の差別観念に縛られてきた者たちが「人間性の原理に覚醒」することは、そうした者たち自身の問題だと言います。賤視観念や差別意識は自らの力で克服するもの、すなわち「自ら解放せん」ということです。さらに西光は、「若しこゝに他人を賤視し侮辱するに慣ている暴君があって、卑下者に対して卑下をとり去る事を命令し強要したとすれば何うであらう、それは実に木によりて魚を求めよと強要する事以上の無法」と言います。つまり、卑下感情を克服し人間の尊厳を回復するのは「吾々」部落民自身の課題で、それは部落民が「自ら解放せん」とするものであり、長年の差別観念に縛られてきた者たちが考えるべきは他人の人間の尊厳を負担することではない、あなたがたが取り組むべきは自身の賤視観念の克服だと言うのです。

人間を冒瀆する社会改良家の「同情」

水平社パンフレット『よき日の為めに《綱領概説》』に平野小剣が「批評の中より」として転載した、山《やま》川均《かわひとし》の「特殊民の権利宣言」も、次のように訴えています。

『特殊部落の改善』といふことが、既に根本的に誤つた考へである。特殊民と称せられる三百万の同胞は、故なくして差別的の待遇と不当の圧迫とを蒙つて居る。若し『改善』すべきものがあるならば、それは『特殊部落』ではなくて、三百万の同胞を不当に迫害して居る社会そのものでなければならぬ。

『特殊部落の改善』といふ考へは、頭から同胞の一部を特殊なものと見ることを前提として居るものである。斯ような差別観から出発した。『特殊部落の改善』が、どこ迄進んだところで、それは益々差別を確立するばかりで差別の撤廃に達し得ぬことは云ふまでもない。

特殊民を特殊民として取扱つてゐる間は、改善すればする程、差別の撤廃とはならずに差別の確立となる。そこで唯一の道は、進んで取ることである。現代の社会が特殊民に拒んでゐるものを、特殊民自身が、進んで社会からもぎ取ることである。

与へられるものを待つ時は既に過ぎ去つた。今は唯だ欲するものを取る外に途はない。曽ては社会から遁がれることによつて、迫害を免がれようとした。今は進んで社会の表面に現はれて、進んで権利の主張をする時が来た。水平社大会は正に、この権利の宣言であつた。

「現代の社会が特殊民に拒んでゐるもの」とは、部落民が真理に目覚め人間の尊厳を取り戻すことで、それは綱領に言うところの「人間性の原理に覚醒」することで間違いないでしょう。西光が言うところの卑下意識の克服と自尊感情の回復、すなわち人間は勦るべきものではなく尊敬すべきものだという意識に目覚めるということです。アダムとイブが自ら知識の樹の果実をもぎ取って口にしたように、人間の尊厳や権利を「特殊民自身が、進んで社会からもぎ取ること」が差別撤廃への唯一の道であると、山川の文章を転載して平野も主張するのでしょう。

さらに、山川の文章には「特殊民を特殊民として取扱つてゐる間は、改善すればする程、差別の撤廃とはならずに差別の確立となる」とあります。これに関して西光も「人間は尊敬す可きものだ」で次のようにも主張しています。

社会改良家よ、水平運動をさして自らみぞを堀りかきを高ふするの愚をなすものと嗤ひますが。それなればあなたは余りに社会を見すぎたために『人間』を見ることを忘れてしまつたのではありませんか。社会を改良？　することによつて人間を冒瀆することを少しも苦にせない程、太つ腹な人だ

社会の多数者は吾等を救済し同情することを知つてゐる。しかしながら、人間は尊敬すべきものである事を知らぬ以上それには字義通りの美しさはなくて、その意味を自ら体験した時、それは潜越な情操であり、専制の行為であつて、そこにはあくまでも賤視の観念が働いてゐるのである。勿論吾等ののぞみがこうした同情にかゝつてゐるのではなく、人間が人間を尊敬し得る権利の主張とそれをなすべき義務の遂行にある以上、即ちある社会問題を取扱ふ人が『水平運動はあたかも他人にむかつてオレに惚れよと云ふ様なものだ』と評されたにも拘らず、吾等の運動は『あたかもオノレに惚れよ』と云ふ如きものである。オノレに惚れよ吾々にとつてこれが如何に大切なことであるかを考へ得ない人には到底此問題を論ずる資格は無い。

社会改良家よ、吾等は今日の社会の最も力ある維持者として貴方を尊敬するものです。しかし、もし、あなたがあくまでも差別相の上にたつて恩恵的改善と収奪的融和を主張するトライチケ式ボリシエヰキーであるなればその誤同情は相手の信玄に塩を送つた謙信のそれとは較べも出来ぬとぼけたものです『それでは大王様、何卒そこを去つて下され、御蔭で私に日があたりませぬ』

人間の尊厳を自らの力で回復しようとする水平社運動を、部落差別を解消するうえでの障壁となるもの

だと否定する「社会改良家」こそが人間の尊厳を蔑《ないがし》ろにし、人間を冒瀆《ぼうとく》していると西光は指摘し、「社会の多数者は吾等を救済し同情することを知つてゐる。しかしながら、人間は尊敬すべきものである事を知らぬ以上それには字義通りの美しさ」はなく、その感情は僭越《せんえつ》な情操であり、「専制の行為」であり、「そこにはあくまでも賤視の観念が働いてゐる」と、痛烈に批判します。

人間の尊厳の本質を見ようとしない社会改良家が「あくまでも差別相の上に立つて恩恵的改善と収奪的融和を主張」し、他人の尊厳や権利をかすめ取る「人間を勦る」かのような運動を続けるかぎり、「よき日」が訪れることはないと言うのです。そこで西光は、差別相の上に立っているあなたたちこそ「何卒そこを去つて下され、御蔭で私に日があたりませぬ」と言います。「人類最高の完成」を阻む障壁となっているのは、「他人の人間を負担せん」と装い「吾々」部落民の尊厳を奪っているあなた方だと、あなた方がなすべき仕事は、「吾々」部落民を卑下意識につなぎ留めんとするその鎖を自らの手で断ち切ることだ、賤視観念の克服だと西光は言うのです。

「京都へ！　京都へ‼」のビラにも「いかにも彼等――即ち吾々の社会群――が集合する事は当然であると思はれた時、そこからも、差別の氷を溶かす暖かさが流れるでせう」とありました。部落民の尊厳を踏みにじり権利を奪ってきた者たちがまず人間を勦わってきたことを自省し、虐げられてきた部落民が尊厳や権利を取り戻すために運動を起こすことは当然だと悟り、「人間は元来勦はる可きものじやなく尊敬す可きもんだ」という意識に目覚めることから、「そこからも、差別の氷を溶かす暖かさが流れる」と言うのです。「吾等の中《うち》より人間を尊敬する事によって自ら解放せん」には、差別―被差別の関係性を超えて、人間みんなが人間性の原理に覚醒し、自身の力で差別を克服していこうという意味が込められているのです。

被差別者自身による卑下意識の克服、差別者自らによる賤視観念の克服。創立者たちが願った「特種部落民なる名称が賤視的観念より乖離するであらうよき日を」（「人間は尊敬す可きものだ」）という一文が思い出されます。

全国水平社の創立者たちは、「夜明け」や「黎明」、また「回生」を象徴する存在である明けの明星ルシファーが反射させて私たちにもたらす光明は、卑下意識や賤視観念という呪縛を自らの力で解き放とうとするそのきっかけとなるもので、その光を享《う》けて自身のそうした差別意識を克服することが「人間性の原理に覚醒」すること、つまり新しい自分に生まれ変わる「回生」だと言うのです。さらにルシファーがもたらす光は「人類最高の完成に向つて突進」するその黎明を告げるものだと捉えて「わしはルシファー」と言ったのではないかと私は考えているのです。ここにルシファーを登場させる意義があるのだと思います。

6 「人間が神にかわらうとする時代」とは

人間を裁くもの

水平社宣言の「人間が神にかわらうとする時代にあうたのだ」は、最も意味不明の箇所でしたが、これまで全国水平社の創立理念を読み解いてきたことで少し光が差してきたように思います。アダムとイブに知識の樹の果実を食べることを禁じた神、その言いつけを守るアダムとイブ、神との約束を破るように促してアダムとイブに目覚めるきっかけを与えた「ルシファーの蛇」、つまり神への反逆者としてのルシファー、さらに『よき日の為めに』に挟み込まれたビラにあったキーワード「『人間らしき人間』を取り戻すこと」、これらがヒントになりそうです。

西光の「荊の冠り」にもルシファーは登場し、その最後で西光は次のように言います。

吾等の手にはかつては吾等を石にしたメヅサの正体を映し出だす鏡がかざされた。吾等の上には人間に反逆を教へたルシファーの星が光つている。それは『よき日』の黎明の星である。虐げられたる民衆の上に照り輝く太陽の回帰を告げる星である。やがて神はそれに属する一切とともにこの地上より消えねばならぬ。人間を裁き人間を罰する者は人間の世界より消えねばならぬ。

（西光万吉「荊の冠り」『水平』第一巻第一号、一九二二年七月）

西光は『よき日の為めに』の巻頭言でルシファーを「太陽の回帰を告げる暁の新しい星」で、光をもたらす存在、「『真理』の光を反射する鏡」としていました。同じくここでも虐げられてきた民衆である吾等の上に「よき日」を告げる「黎明の星」ルシファーが輝き、それは人間に反逆を教えた存在だと西光は言います。ここで思い出されるのが、全国水平社創立大会での平野の演説（三〇ページ）です。「反逆児」「反逆の炎」「反逆の車輪」など、「反逆」という言葉は重要なキーワードでした。

西光は、神に敵対するルシファーを「人間に反逆を教へた」存在であり、「虐げられたる民衆」を「よき日」へと導く存在と評価しています。つまり神との約束を破って知識の樹の果実を食べるように促したルシファーこそが人間の救済者で、「虐げられたる民衆」すなわち人間の尊厳に目覚めていない者たちを覚醒させる存在だと言うのです。逆に西光は、「神」やそれに属する者こそ敵対すべき対象で、この世から消えてもらわなければならないと言うのです。『聖書』において、アダムとイブに知識の樹の果実を食べることを禁じた存在が神でしたが、言わばこれは、アダムとイブが「人間らしき人間」を取り戻さないように二人を支配してきた存在が神だったと、水平社宣言に照らして言うならば、アダムとイブの尊厳や権利を勦ってきた存在が神だったと水平社の創立者たちは捉えたのではないでしょうか。これと同じように、「吾々」部落民が人間の尊厳や権利に目覚めることを禁じてきた存在が「神」やそれに属する人間だと創立者たちは言いたいのでしょう。

「人間が神にかわらうとする時代にあうたのだ」の意味が少し見えてきた感じがしますが、では、「神」や「神」に属する人間とはどのような人なのでしょうか。

西光の「荊の冠り」は、「神に似てつくられた人間は流石に裁くことが好きである。特に罰することが好きである。そしてその罪名をつけることは神聖なる人間の仕事である」と始まり、最後に「やがて神はそれに属する一切とともにこの地上より消えねばならぬ」とまとめられています。ということは、「神」に属するものとは「人間を裁き人間を罰する者は人間の世界より消えねばならぬ」ということは、「神」に属するものとは「人間を裁き人間を罰する者」で、「罰することが好き」な「神聖なる人間」と考えられます。

「人間を裁き人間を罰する者」と出てきましたので、「裁く」を調べてみましょう。

【さばく】

捌く。乱れを直す。理非を正す。裁判する。判断する。販売する。自由にしこなす。処置する。処理する。

袱紗などをとりまはす。髪をとかす。

（『現代国語辞書』一誠社、一九二三年）

【裁く】→さばく（捌）

【捌く】

①からまったりくっついたりしているものを、手で解き分ける。

②魚・鳥などを、切り開いて肉・骨などに分ける。

③手にとって巧みに扱う。

④錯雑した物事をきちんと処理する。管理する。

⑤（「裁く」と書く）理非を判断する。裁判する。

⑥商品を売りこなす。

⑦さっぱりと派手にふるまう。

⑧ふるまう。おこなう。

（『広辞苑』第六版、岩波書店、二〇〇八年）

「さばく」には、「自由にしこなす」や「手にとって巧みに扱う」「管理する」といった意味があることがわかります。また、「裁判する」の「裁判」には、物事を治め管理することと『広辞苑』にあります。

人間の尊厳の実現をめざす西光や水平社創立者としては、他人の尊厳を自分の勝手で思うがまま扱うような者には人間の世界から消えてもらわなければならないということでしょう。ここでピンときた人もいるはずです。そう、思い出されるのが西光の話にあった「プロクルステスの寝台」です。ということは、西光たち水平社創立者たちが消えてもらわなければならないと考えている「神聖なる人間」とは、「人間を勦るかの如き運動」を進めてきた者たちということでしょう。つまり、「吾々」部落民の尊厳や権利を支配しコントロールしてきた存在が「神」やそれに属する人間だと創立者たちは言いたいのでしょう。

「神」に属する者

ただし、その支配を許してきた「吾々」部落民も人間を冒瀆してきたのであり、その罰を受けてきたと創立者たちは言います。すなわち、人間の尊厳が実現されるどころか一向にその目標に近づかなかったのは、何の疑いもなく無感覚にその支配を受け入れてきてしまったことに対する罰であったと、水平社創立者たちは言うのです。つまり、「過去半世紀間に種々なる方法と、多くの人々とによつてなされた吾等の為めの運動」によって人間の尊厳や平等が与えられるだろうと「吾々」は考えてきたけれど、「神」やそれに属する人間が展開してきたその運動は実は「人間を勦るかの如き運動」で、それに気づくことなく無感覚なままに過ごし、それらを求めて自ら闘おうとする「誇り得る人間の血」までも涸れてしまうほどに「多くの兄弟を堕落させ」てしまった、そうした状況を受け入れてきてしまった「吾々」も、「他の人々」と同じように「人間を冒瀆」してきたのであり、人間の尊厳の実現に近づかなかったのはそうした行動に対する罰だったのだと創立者たちは言うのです。

だからこそ、ルシファー（蛇）の導きによってアダムとイブが神に反逆して「人間らしき人間」を取り戻したように、「吾々」も同じく「人間を勦るかの如き運動」を進めてきた「神」やそれに属する者に反逆し、人間の尊厳を取り戻すために人間を裁き人間を罰する者と闘わなければならないと言うのでしょう。さらに『聖書』のマタイ伝福音書にも人間を裁くことに関して次のような記述があります。

なんぢら人を審《さば》くな、審かれざらん為なり。己がさばく審判《さばき》にて己もさばかれ、己がはかる量にて己も量らるべし。何ゆゑ兄弟の目にある塵を見て、おのが目にある梁木《うつばり》を認めぬか。視よ、おのが目に梁木のあるに、いかで兄弟にむかひて、汝の目より塵をとり除かせよと言ひ得んや。偽善者よ、まづ己が目より梁木をとり除け、さらば明かに見えて兄弟の目より塵をとりのぞき得ん。聖なる物を犬に与ふな。また真珠を豚の前に投ぐな。恐くは足にて踏みつけ、向き反りて汝らを噛みやぶらん。求めよ、然らば与へられん。尋ねよ、さらば見出さん。門を叩け、さらば開かれん。すべて求むる者は得、たづぬる者は見いだし、門をたたく者は開かるるなり。汝等のうち、誰かその子パンを求めんに石を与へ、魚を求めんに蛇を与へんや。然らば、汝ら悪しき者ながら、善き賜物をその子らに与ふるを知る。まして天にいます汝らの父は、求むる者に善き物を賜はざらんや。然らば凡て人に為られんと思ふことは、人にも亦その如くせよ。これは律法《おきて》なり、預言者なり。狭き門より入れ、滅びにいたる門は大く、その路は広く、之より入る者おほし。生命にいたる門は狭く、その路は細く、之を見出すもの少なし。偽預言者に心せよ、羊の扮装して来れども、内は奪ひ掠《かす》むる豺狼《おほかみ》なり。

（「マタイ伝福音書第七章」『旧新約聖書』米国聖書協会、一九一四年）

「マタイ伝福音書第七章」（以降、「マタイ伝」）には、「求めよ、然らば与へられん。尋ねよ、さらば見出さん。門を叩け、さらば開かれん。すべて求むる者は得、たづぬる者は見いだし、門をたたく者は開かるるなり」との表現があります。『よき日の為めに』にも、「即ち、それは吾々が悲嘆と苦悩に疲れ果て、茫然してゐる事ではなく——終りまで待つものは救はるべし——と云つたナザレのイエスの心もちに生きる事だ、そしてそれは吾々に開かれるまで叩かねばならぬ事を覚悟させるものだ。叩かずして開かれる時を待つものは、やがて歩まずして入る時を待つものだ、虫の好い男よ！　永遠に冷たき門に立て」という表現がありました。こうしたことを考えると、西光が「マタイ伝」に大きな影響を受けていたことは間違いないでしょう。

「マタイ伝」も人間を裁（審）いてはいけないと説き、続けて「偽善者よ、まづ己が目より梁木をとり除け、さらば明かに見えて兄弟の目より塵をとりのぞき得ん」と、他人の言動のいたらなさや欠点を指摘する前に自身のそれらを見直せと言います。さらに「偽預言者に心せよ、羊の扮装して来れども、内は奪ひ掠むる豺狼なり」と言います。預言者とは神の言葉を預かる者という意味です。「マタイ伝」はその預言者の偽物は「奪ひ掠むる豺狼」なので注意しろと言います。『新約聖書』のこの個所は「羊の皮を被った狼」の出典とされています。言うまでもなく、親切そうにふるまいながら、内心ではよからぬことを考えている人物をたとえたことわざです。

そうです、「奪ひ掠むる」といえば、つまり、「勦る」ということです。西光が言う人間の世界から消えなければならない者、すなわち「人間を裁き人間を罰する」ことが好きな「神聖なる人間」とは、神の言葉を預かった者のように振る舞い、人間を支配して人間を勦っている「偽善者」や「偽預言者」ということでしょう。これまで見てきたことから整理すると、「人間を勦るかの如き運動」を進めてきた偽善的な社会改良家、同情融和運動家ということでしょう。神がアダムとイブに知識の樹の果実を食べることを禁じてきたように、部落民が人間の尊厳や権利に目覚めないようにそれらを支配し、コントロールしてきた存在、それが西光が言うところの「神」や「神」に属する者ということでしょう。

『カラマーゾフの兄弟』の思想

先にも見たように西光はドストエフスキーの思想にも触れていました。反逆は重要なキーワードでしたが、ドストエフスキーの『カラマーゾフの兄弟』（米川正夫訳、岩波文庫、一九二八年）にも「反逆」という章があり、そこでイヴンは弟アリョーシャに、次のように語りかけます。

> 大人は智慧の実を食べて善悪を知り、『神のごとく』なってしまった。そして今でもやはりつづけてその実を食べている。ところが、子供はまだ何も食べないから、今のところまったく無垢なものだ。（中略）で、もし子供までが同じように地上で恐ろしい苦しみを受けるとすれば、それはもちろん自分の父親の身代わりだ、智慧の実を食べた父親の代りに罰しられるのだ——が、これはあの世の人の考え方であって、この地上に住む人間の心には不可解だ。罪なき者が他人の代りに苦しむなんて法がないじゃないか

「智慧の実」を食べた大人と食べていない子どもが登場しますが、その大人は「神」のごとき存在で子どもは無垢だと言います。西光が「荊の冠り」で言うところの「神聖なる人間」と、「神聖と清浄を奪われ」「エ

タの罪名」で「荊が冠せられた」者との関係性を想起させます。
そしてこの後無垢な子どもが大人から虐待を受ける話が続き、イヴンは次のように言います。何カ所か引用してみましょう。

すべての人間が苦しまねばならないのは、苦痛をもって永久の調和を贖うためだとしても、なんのために子供がそこへ引き合いに出されるのだ、

僕は決して神を譏誹するわけじゃないよ！　もし天上地下のものがことごとく一つの讃美の声となって、すべての生あるものと、かつて生ありしものとが声を合して、『主よ、汝の言葉は正しかりき。なんとなれば、汝の道開けたればなり！』と叫んだ時、全宇宙がどんなに震撼するかということも、僕にはよく想像できる。また母親が自分の息子を犬に引き裂かした暴君と抱き合って、三人の者が涙ながらに声を揃えて、『主よ、汝の言葉は正しかりき！』と叫ぶ時には、それこそもちろん、認識の勝利の時が到来したので、一切の事物はことごとく明らかになるのだ。
ところが、またそこへ、コンマが入る。僕はそれを許容する事が出来ないのだ。

従って神聖なる調和は平にご辞退申すのだ。なぜって、そんな調和はね、あの臭い牢屋の中で小さな拳を固め、われとわが胸を叩きながら贖われることのない涙を流して『神ちゃま』と祈った哀れな女の子の、一滴の涙にすら値しないからだ！　なぜ値しないか、それはこの涙が永久に贖われることなく

して棄てられたからだ。この涙は必ず贖われなくちゃならない。世界の人間が小さな受難者の、贖われざる血潮の上に建てられた幸福を甘受して、永久に幸福を楽しむだろうというような想念を、平然として許容することができるかい？

ドストエフスキーがイヴンに語らせる受難者の犠牲の上に成り立つ調和の否定は、綱領の第二項「吾々特殊部落民は絶対に経済の自由と職業の自由を社会に要求し以て獲得を期す」や荊冠旗にも関連する意味を持っていると思われますが、それは次の節で見ることにしましょう。

ドストエフスキーの『カラマーゾフの兄弟』（米川正夫訳、岩波文庫、一九二八年）第一巻には訳者による解説があり、そこには次のようなドストエフスキーの書簡が紹介されています。

ドストエーフスキイは、一八七九年四月三十日『ロシア報知』の編輯者リュビーモフに宛てて次のような書翰を送っている。「目下小生にとって仕事の最頂点が始まっています。」というのは第五篇『Pro et Contra』、就中『兄弟の接近』『反逆』『大審問官』等を指しているのである。同年五月十日附で、同じリュビーモフに宛てて、更に同じ第五篇に就て繰り返して書いている。曰く「そこでは、現実から剝離した現代ロシアの青年社会に於ける瀆神と破壊の胚子が描かれるのです。その瀆神と無政府主義に並んで、それらのものに対する反駁と否定が目下用意されています。それは瀕死の長老ゾシマの言葉として現れるのです。……今小生のお送りした原稿では、ただ重要な主人公の一人の性格を描いただけです、それは自分の根本的な信念……現代ロシアの無政府主義の綜合、つまり、神の否定でなく、その創造の意味の否定を表白しているのです。全体に社会主義は歴史的現実の否定から出発して、破壊と無政府主義に達したものであります。根本的な無政府主義者は、多くの場合真摯なる確信の人でした。我が主人公は、小生の考えによれば、否応のないテーマを取って来ているかと思います。というのは小児の苦痛の無意味さであって、そこから歴史的現実の不合理を演繹して来るのです。……」

ここでドストエフスキーの思想について論じようなどと、そんな大それたことを考えているわけでは決してありません。またここで述べることも付け焼刃であり、訳者による「解説」を頼りに話を進めることを正直に告白しますが、ただ重要なことは何かと言うと、このドストエフスキーの『カラマーゾフの兄弟』の物語に全国水平社の創立者たちは影響を受けていたのではないか、ということです。つまり、それが全国水平社の創立理念に生かされているのではないかと私は感じるのです。

「反逆」「大審問官」のイヴンは、神を否定しているわけではなく、神の創造した世界を受け入れることはできないと言い、そんな調和の世界への「入場券を返上する」と言います。さらにイヴンの信念について、訳者による解説には次のようにあります。

作者も自分の覚書の中で、「イヴン・フョードロヴィッチは深刻である、これは神を否定することによって自己の世界観の狭隘さと己の資質の魯鈍さを証明しているような現代の無神論者とは類を異にしているのだ。」と書いている通り、彼は単に冷酷な個人主義者でもなければ、「宗教は阿片なり」と云ったような出来合いの定義を鵜呑みにした無神論者でもないのである。

ドストエフスキーはイヴァンの信念に対する反駁《はんばく》と否定を用意していると言い、さらに訳者はこの覚書と同時に書かれた作者の言葉を、次のように紹介しています。

卑劣漢どもは、無教育な退嬰的な信心家と云って余を嘲笑している。ああした薄野呂どもは、『大審問官』及びそれに先行する一章の中に盛られたような力強い神の否定を、夢にさえ見たことがないのだ。あの小説全体は、要するにこの否定に対する答弁なのである。余はただの愚物としてでなく（狂信者としてでなく）、神を信じているのだ。ところが、彼等は余を教えようとしている。余の発達程度が低いのを冷笑している！　いやはや、彼等の愚かな頭には、イヴァンの体験して来たような否定の力など夢にも見られはしない。彼等が余を教えるとは片腹痛い！

『カラマーゾフの兄弟』はイヴァンによる「力強い神の否定」に対する答弁であり、作者は神を信じていると言います。作者は、あの小説全体はその「答弁」だと言います。つまりその考えの否定ではないということでしょう。訳者は『カラマーゾフの兄弟』の思想的な頂点は『Pro et Contra』と「ゾシマ長老の遺訓」だと言い、イヴァンとゾシマはイデオロギー的には対立しますが、その重要さは「まったく等価」だと解説します。それは作者が「彼等の愚かな頭には、イヴァンの体験して来たような否定の力など夢にも見られはしない」とすることからも明らかでしょう。「ゾシマも現代の社会に対する憤怒を少年虐待に集注している」

と訳者も解説しています。

水平社の創立者たちもこうした思想で「人間が神にかわらうとする時代にあうたのだ」と宣言したのではないかと私は考えているのです。つまり、善悪の相克から「人間性の原理に覚醒」し、イエスが本来求めていた、人間みんなが相愛する世界を創造しようとの思いが込められているのではと感じるのです。『よき日の為めに』にも「ナザレのイエスの心もちに生きる事だ、そしてそれは吾々に開かれるまで叩かねばならぬ事を覚悟させるものだ」とありました。

人間が神に代わる時代の創造

平野も水平社パンフレット『よき日の為めに（綱領概説）』で次のように述べています。

世界の人類は皆な同胞であります。けれども人間が人間を差別してゐる間は、人類は永久に闘争は堪えません。まして人間が人間を苦しめることは、人間を潰す罪悪であります。神の授けし恩恵を冒瀆する甚だしきものであります。吾々は、人類最高の完成は『魂の結合』それであると思ひます。『魂の結合』それは世界人類の幸福と平和とを招来するものと信じてゐます。／（中略）吾々民族は真理を追ひ求め、その真理の盤石の上に起ちて、『人類最高の完成に向つて突進』せんとする時、四方より猛々しく襲はんとする虚偽の妖怪、偽善の悪魔に対して正義の白刃を擬し、正当防衛として神聖の戦ひを宣告しなければなりません。即ち魂の革命戦それであります。／神聖の戦ひ、魂の革命は、小にしては吾々特殊部落民の人間的幸福を齎らし、大にしては世界人類の最大なる平和を招来する第一歩であると信じます。そして公明正大なる神の審きをうけ、軈て人間が神に代る時代を創造しなければならぬと思ひます。

平野は、差別は人間の尊厳を冒す罪悪で「神の授けた恩恵を冒瀆」するものだと批判します。そして平野は、「人間が神に代る時代を創造しなければならぬ」と、「神に代る」という表現をしています。『広辞苑』には、「代わる」は他のもののかわりをするとあり、「替わる」はあるものに入れかわって別のものになるとあります。「人間が神に代る時代を創造」、つまり、「神」がなそうとしていたことを人間が代行すると言うのですから、また「公明正大なる神」とありますので、決して神を否定しているわけではないことがわかります。西光の「勿論それはキリストのそれとは似てもつかぬ」との表現からもそれがうかがえます。つまり水平社創立者たちは、神に代わって世界を創造する時代がきたと訴えたのだと思うのです。

さらに『人類最高の完成に向つて突進』するにあたり、その「公明正大なる神の審きをうけ」るのは、「人間を潰す罪悪」を犯し、「神の授けし恩恵を冒瀆する甚だしきもの」つまり「虚偽の妖怪、偽善の悪魔」だと平野は言います。それは、「神のごとく」何が善か何が悪かを知ったにもかかわらず、人間を勦っている者たちのことを言っているのでしょう。平野が言う「神聖の戦ひ」とは水平社運動のことであり、「魂の革命」とは「人間性の原理への覚醒」であり、「神の審き」とは神に代わって「虚偽の妖怪、偽善の悪魔」を糺弾《きゅうだん》するということでしょう。

部落民を支配して人間の尊厳に目覚めないようにコントロールし、服従させてきた「他人の人間の負担者」と同じく、『カラマーゾフの兄弟』の「大審問官」の章には民衆を服従させ支配してきた大審問官が登場し、キリストを尋問する場面が描かれています。終始無言のキリストにその支配者は次のように語っています。

お前は人間の良心を支配する代りに、かえってその良心を増し、その苦しみによって、永久に人間の心の国に重荷を負わしたではないか。お前は自分で唆し擒にした人間が、自由意志でお前に従って来るように、人間の自由な愛を望んだ。確固たる古代の掟に引き換えて、人間はこれからさき己の自由な心をもって、何が善であり何が悪であるか、一人で決めなければならなくなった。しかもその指導者といっては、お前の姿が彼らの前にあるきりなのだ。しかし、お前はこんなことを考えはしなかったか、もし選択の自由というような恐ろしい重荷が人間を圧迫するならば、彼らはついにお前の姿もお前の真理も斥け譏るようになる。そして「真理はキリストの中にない」と叫ぶようになる。なぜといって、お前があのようにたくさんの心配と解決の出来ない問題を与えたために、人間は惑乱と苦痛の中にとり残されたからだ。実際、あれ以上残酷なことはとても出来るものじゃない。

そして無言のキリストに大審問官は、お前は人間を奇跡の奴隷にすることを望まず、自由な信仰を渇望し自由な愛を望んだ、つまり、民衆の心に奴隷的な歓喜を呼び起こしたくなかったのだと語り、続けて「お前は人間をあまり買いかぶり過ぎたのだ」と、その選択が誤っていたのだと指摘します。そのうえで、人間は奴隷に相違なく、弱く卑劣に創られているのだと述べて人間を尊敬し愛することの無意味さを説き、「人間の重んずべきは、良心の自由なる決定でもなければ愛でもなく、ただ神秘があるのみだ。すべての人間は己れの良心に反いても、この神秘に盲従しなればならぬ」と主張し、「我々はお前の事業を訂正して」、人間を苦しめるその重荷を自分たちが負担してやっているのだと語ります。

大審問官が言うところの人間を苦悩させる心の重荷、つまり善悪を判断する自由意志の負担こそ西光が言うところの「人間の負担」でしょう。西光は、「そしてあなたが私共の負担を負ふて下さる『吾々社会改良家が卒先してこの問題の解決にあたらねばならぬ』と私共のために十字架を背負ふて下さる、勿論それはキリストのそれとは似てもつかぬ他人の『人間』の負担である」(「人間は尊敬す可きものだ」)と言っていました。つまり、社会改良家が「吾々」部落民から奪っているものは、善悪を判断する自由、選択の自由であり、自由の愛を望んだキリストとあなたがたは似ても似つかないと言うのです。この支配に甘んじてきたことを水平社は「堕落」だと表現していました。

神聖の闘い

キリストが荒野で受けた三つの誘惑を引き合いに出しながら尋問を続けていた大審問官は、「どうしてお前はそのおとなしい眼で、腹の底まで読もうとするように黙ってわしを見つめているのだ」「わしはお前の愛なぞほしくもないわ」「お前に我々の秘密を隠そうとはしない」と言い、そして「吾々の仲間はお前ではなくて、彼(悪魔)なのだ、これが我々の秘密だ！　我々はもうずっと前から、もう八百年の間お前を捨てて、彼と一緒になっているのだ」と、告白するのです。「神」のように振る舞ってきたその存在は実は悪魔と手を結び、民衆の自由を奪い、民衆を隷従させていた存在だったということです。

平野が「神の審き」を受けるべきとした「虚偽の妖怪、偽善の悪魔」とはこうした存在を指しているのではないかと思うのです。そうした者たちを神に代わって糺弾し、人間は尊敬すべきものだという魂の革命をもたらすこと、悪魔から解放することを平野は「神聖の戦ひ」と言っているのでしょう。この全人類を「人間性の原理に覚醒」させ「人類最高の完成」へ向かう水平社の「神聖の戦ひ」について、阪本清一郎も「大会前記」(『水平』第一巻第一号)で次のように記しています。

人格は絶対である。それは善と悪とより超越したる尊敬す可きものである。人間の悪は社会悪だ、しかも社会は進化する、それは畢竟人間の善でなければならぬ。太初より芽ばえた人間崇拝の観念の成育は、神を造り神の上に起ちあがる、此最高の実在にとつて極めて著しき任務あるものは人間的社会である。人間の浄土、地上の楽園を創造する事は吾等の全心全を致す可き生命の神聖戦である。此神聖戦に参加する事は吾等にとつて光栄でなければならぬ。一千年来の残虐に刻まれた創痕は消し得べくもないとすれば、吾等は寧ろこのエタの名によつて死十字のなかにたつ、斯くて荊冠は輝き人間の生命は光る。この信仰は当然吾々をしてエタの名によつて蹂躙せられたる人間を、エタの名によつて尊敬せんとする、社会的集団運動を起すことを企図せしめた。

阪本は、人間の尊厳は絶対で、それは善悪を超越した普遍的な価値を有し、人間は尊敬すべきものだと言います。さらに社会悪を「善」による社会進化で克服し、「人間の浄土」を創造しなければならないと主張します。それが「地上の楽園」と言うのですから、先にも見た通り水平社は人間の世界に「浄土」を完成させることを夢見ていたということではないでしょうか。また「エタの名によつて蹂躙せられたる人間を、エタの名によつて尊敬せんとする、社会的集団運動」という表現からは、「特殊部落民」や「エタ」という語があえて水平社宣言や綱領に使用されたことは、部落民アイデンティティを肯定するその実践であったことを示しているようにやはり感じられます。

西光は「神はそれに属する一切とともにこの地上より消えねばならぬ」と、「神」のように振る舞ってきたものだけではなく神にも退場を求めていますが、それは「マタイ伝」に示された「求めよ、然らば与へられん。尋ねよ、さらば見出さん。門を叩け、さらば開かれん。すべて求むる者は得、たづぬる者は見いだし、門をたたく者は開かるるなり」「天にいます汝らの父は、求むる者に善き物を賜はざらんや」というこの教えの実行と考えられそうです。つまり、人間が自らの力で世界を切り拓《ひら》いて人間の尊厳と平等が実現した世界を創造していく、そうした決意が「人間が神にかわらうとする時代にあうたのだ」との表現に込められているのではないでしょうか。すなわち尊厳や自由や平等や権利は与えられるものではなく、自らの力で回復し獲得するものだという水平社宣言の「自ら解放せん」という強い意志がここにも込められていると感じます。「求むる者に善き物を賜はざらんや」といった神の教えの通り、世界を創造してきた神に代わって、人間性の原理に覚醒した吾等人間みんなの力で、自由で平等で暖かい社会を創造していく、そうした強い覚悟と決意が「人間が神にかわらうとする時代にあうたのだ」には込められているのでしょう。

『よき日の為めに』にあった「吾々は運命を呟く事は要らない、運命は吾々に努力を惜ませるものではない、成就しなければならない大きな任務をもつた今日の如き時代」「諦めの運命より闘争の運命を自覚せよ」「それは吾々が悲嘆と苦悩に疲れ果て、茫然してゐる事ではなく――終りまで待つものは救はるべし――と云つたナザレのイエスの心もちに生きる事だ、そしてそれは吾々に開かれるまで叩かねばならぬ事を覚悟させるものだ」といった文章が思い出されます。

7 荊冠旗に込められた「祝福」

受難と殉教の象徴

水平社宣言の「神にかわらう」や、「荊の冠り」の「神はそれに属する一切とともにこの地上より消えねばならぬ」といった表現からすると、西光をはじめ全国水平社の創立者たちがキリスト教や『聖書』を否定しているかのように感じられそうでしたが、決してそうではないことがわかりました。

それどころか水平社のシンボルが「荊冠旗」であることや、『よき日の為めに』の「既に耶蘇が云つてゐます、何を云はうかと心配するな――何を云はうかと心配するなその時になれば、神は何を我々が云ふ可きかを知らして呉れる――」、同じく「――終りまで待つものは救はるべし――と云つたナザレのイエスの心もちに生きる事だ、そしてそれは吾々に開かれるまで叩かねばならぬ事を覚悟させるものだ」といった表現からも、キリスト教の教理を肯定的に捉えていることは明らかです。

また『聖書』についても、創世記において世界を創造し終えた神は、「神其の造りたる諸の物を視たまひけるに甚だ善りき」と言っていました。アダムをエデンの園に住まわせたのも神であり、エデンの園に善悪を知る樹を創ったのも神で、その果実を食べることを禁じたのも神です。さらに「神の造りたまひし野の生物の中に蛇最も狡猾し」とありますので、アダムとイブに知識の樹の果実を食べるように誘惑した

「蛇」、西光が言う「ルシファーの蛇」も神が創造したものということです。そうなると、すべては神の掌の上だったということかもしれません。つまり人間（アダムとイブ）が自らの力で神の支配から脱却し、感情や知性を取り戻し、自由を得るという選択をすることも神の想定どおりだったということでしょう。むしろ、「求めよ、然らば与へられん。尋ねよ、さらば見出さん。門を叩け、さらば開かれん」ということを実践させるための試練と解釈でき、全国水平社の創立者たちもそれを実践していると解釈できそうです。

ここで水平社のシンボルである荊冠旗について見てみたいと思います。西光は荊冠旗の発案について、「青竹の荊冠旗」（『部落』第三一号、一九五二年三月）で次のように述べています。

荊冠旗は私の発案であつた。黒地に赤い荊の冠など余り気味のよいものでないばかりか、その旗竿を、先きを鋭く斜に切つた青竹にするというのだから甚だ物騒であつた。しかも、伝えられる黒地に白い骸骨を染抜いた海賊旗以外に、こんな旗は世界中にも類がない。しかも、旗竿は必ず生々しい青竹の竹槍でなければならぬ。これは当時の私達の、陰惨な受難殉教の気持ちをそのまゝ表現している。この旗を見ずして水平運動は語れない。まさしく、小さい星の一つさえない此旗は、絶望的にさえ見えるにもかゝわらず、血みどろな人間が、まだ殺されずに生きている、しかも立上つて来たような、そんな気持ちが私にこの旗と竿を考案させた。

西光は、「小さい星の一つさえない此旗は、絶望的にさえ見えるにもかゝわらず、血みどろな人間が、まだ殺されずに生きている、しかも立上つて来たような、そんな気持ち」から荊冠旗をデザインしたと言っています。「小さい星の一つさえない」とは、差別によって困窮した生活に追いやられ、こうした状況から脱却する希望のひとつさえも見出すことができないような状況に置かれてきたということでしょう。その「絶望的」な状況というと、再び『よき日の為めに』で紹介された次の文章が思い出されます。

吾人の記憶す可き事は文明（封建的階級制）は労働者（吾々）を駆つて、吾等かくの如く貧弱にして且つ悲惨なる存在に到らしめたが為めに彼等は殆んど今日持続するのより更によき生活を考慮する事が出来ないと云ふ事である。（ウイリアム、モリス）

つまりそれはこれまで見てきたように「無明の闇」、宣言で言うところの「呪はれの夜の悪夢」、「吾々によつて、又他の人々によつて毎に人間を冒瀆されてゐた罰」を受けていた状況ということでしょう。「血みどろな人間」で言うと、西光の「人間は尊敬す可きものだ」には次のように出てきました。

紳士、淑女及び良民方、私共はあなた方の様な、すなほな魂をもつて居りません。あなた方は他人をこんな勦ります。私共のこの傷ついた魂をみなさい、このひがんだ感情をみなさい。この血みどろの踏みつけられた『人間』をみなさい。

さらに荊冠旗に関して、全国水平社第二回大会に向けて一九二三年二月一七日に開催された準備委員会後、各地水平社に発送されたと思われる「檄文」には次のような一文があります。

真黒の中に血の色に染め出された荊冠の旗幟こそ、実に吾等の受難と殉教の表徴でなければならぬ。地下に呻く幾千万の祖霊を弔う祭壇の前に参加せよ。かつて吾等は賤民であった。今や吾等は選民である。

（渡部徹・秋定嘉和『部落問題・水平運動資料集成』第一巻、三一書房、一九七三年）

荊冠旗の中央にデザインされた荊冠は、キリストが磔刑《たっけい》に処せられる時に頭にかぶせられたと言われる荊冠で、それは「吾等の受難と殉教の表徴」だと言います。表徴とは象徴と同じ意味です。しかもそれは「血の色に染め出された荊冠」だと言います。つまりその色は単なる赤色ではなく、人間の血の色だということです。『よき日の為めに』にも、「吾々は長い夜の憤怒と悲嘆と怨恨と呪咀とやがて茫然の悪夢を払ひのけて新しい血に甦へらねばならぬ」とあったように、「血みどろな人間」や「血の色」、「人間の血」は非常に重要なキーワードと考えられます。

「エタの罪名」

さらに「荊冠旗」のデザインやその意味を考えるうえで重要となるのが西光の「荊の冠り」です。タイトルそのものがズバリと言ったところなので、この文章から荊冠の意味するところが読み取れるはずです。まず「荊冠の旗幟こそ、実に吾等の受難と殉教の表徴」ということで、「荊の冠り」にある三カ所の文章を見てみましょう。

神に似てつくられた人間は流石に裁くことが好きである。特に罰することが好きである。そしてその罪名をつけることは神聖なる人間の仕事である。吾々か天平期に布かれたる——馬牛は人に代りて勤労するもの先代己に明制ありて屠殺することをゆるさず、今聞く百姓なほ屠殺するものありと若し犯すものあらば杖一百——の刑罰から如何にして現在の如く社会的迷信の荊を冠せられ、経済的労苦の十字架を背負されて、人生のドン底へまで馳りたてられたかを考へるとき、吾等に対する賤視の観念が宗教的感情よりの発生とするも、それの発達は支配者が他を反宗教的労働に就かしめて自己の宗教的感情を高調することによつて、やがては自己の優越感を確実するに到ると丶もに、正直で無智な民衆の宗教的感情を自己の神話へ誘惑することは彼等支配者にとつて為す可き必須の一条件であることを知る。この他に自己の厭避する特殊労働を強制する優越権は彼等の毎に重視する威厳であつて、この威厳が立派なる社会道徳をつくる故に『敢て』その業に就かねばならぬものは慥に『賤民でなければならぬ』事になるのである。かくてエタの罪名は神聖と清浄を奪はれた者が当然の罰としてうける可きものであつたかくて吾等の上に荊が冠せられる。

かくの如く生業によつて人間が侮られ、人間によつて生業が卑まれるにいたつたについては、ともに支配者の神聖のしからしめるところである。この多数の人間を屠ることの神聖にして牛馬を屠ることの如何に卑賤であるかを証明する迷信は、支配者の優越感に迎合せんとする魔術者共の呪文によつて要領よく人々に吹きこまれたものである。

やがて心もとない薄暮が迫る。徳川の政策は民衆の上に次第に闇を深ふする。東照権現の神通力は恐しき拘束力をもつて民衆を各その適当の地位に緊縛した。この厳かな階級制は正直者の農民をして上品に置かれたる天下のお百姓の名誉にかけて牛馬の如く勤勉せしめるに充分であつた。然し乍らかつて土民一揆の標的であつた土倉の倅や孫共は農民の魔睡せられるに乗じて黄金万能の贅六の宣言を発して武士対町人の社会戦を開始する。最下の品とせられ素町人の呼びすてられたとはいへ貨幣経済の発達とゝもに次第にその潜勢力を旺んにし竟に武士をしてこれに対抗す可くゴマの如く農民を搾るの余儀なきにまで到らしめた。かくてその末期に於ては強度の搾取に堪えかねたる農民の一揆暴動は頻々として起り、これに対する無法なる鎮圧令は雨下し交互作用して長期間の憂鬱なる消極的政治に倦厭せる人心には革命酵母が旺んに醸されつゝあるなかに、吾等に対する冷酷なる虐待令が、その社会生活に萎痺し行く神話を復活せんとする回生剤として烈しく試みられたのであつた。しかも亡びる者は竟に亡びたが余りに激しきこのカンフル注射の効力はその孫子にまで及んで中毒作用をなして今なほ吾等の上には依然として荊冠は萠々しく剰へ近代産業組織による経済的労苦の十字架さへ負はされてゐる。

「天平期」とありますが、天平は七二九年から七四九年の年号で、天平時代は奈良に都があった七一〇年から七九四年を指します。西光は、その時代に「神聖なる人間」によって馬牛を屠殺することが禁じられ、それを犯すものには刑罰が加えられるようになったけれども、単なる刑罰の対象であったその行為が賤視観念をともなうようになり、「吾々」部落民は「現在の如く社会的迷信の荊を冠せられ、経済的労苦の十字架を背負されて、人生のドン底へまで馳りたてられ」たと言います。ここに「荊を冠せられ」と荊冠が出てきます。続けて西光は、その賤視観念は殺生やケガレなどに対する宗教的観念から発生したものであったけれど、支配者がそれを利用して自身の神聖性を高めて、自己の支配を強固にしてきたと言うのです。

つまり、賤視をともなう労働に他の者を就かせ、またその賤視からくる忌避意識を利用して「正直で無智な民衆」を誘導して自身を崇拝させるよう洗脳することは、支配者が自身の権威を高めるためには必要だったと言うのです。ここでも西光は「無智な民衆」と表現しています。ルシファーが反射させる阿弥陀仏の光明は、無知で真理に暗い人間を迷いの闇から救う何ものにも遮られることのない光でした。

さらに西光は、「自己の厭避する特殊労働を強制する優越権」は支配者たちの威厳であり、それによって社会道徳が形成されるため、「『敢て』その業に就かねばならぬものは慥に『賤民でなければならぬ』事になる」と言うのです。そうして「エタの罪名は神聖と清浄を奪はれた者が当然の罰としてうける可きもの」で、「吾等の上に荊が冠せられる」と言います。

荊冠に光あらしめる時

「神聖と清浄を奪われた者が当然の罰としてうける可きもの」と言いますが、何かを奪われた者は被害者ではあっても、加害者になることなど考えられるでしょうか。そんなことは決してないはずです。だからこそ西光は、その荊冠は「社会的迷信」の荊冠だと、「エタの罪名」は迷信による冤罪《えんざい》だと言うのではないでしょうか。その「社会的迷信」とは、「多数の人間を屠ることの神聖にして牛馬を屠ることの如何に卑賤であるかを証明する迷信」ということでしょう。その迷信は「支配者の優越感に迎合せんとする魔術者共の呪文によつて要領よく人々に吹きこまれ」「生業によつて人間が侮られ、人間によつて生業が卑しまれる」ようになってしまったと、西光は言います。つまり先人を含めて「吾々」は根拠もない呪いによってつくられた罪の罰として荊冠をかぶせられてきた、「エタの罪名」を「罰としてうけ」させられてきたと言うのでしょう。

ここでひとつ思い出されるのが、「マタイ伝」に出てきた「偽預言者」です。預言者とは神の言葉を預かる者という意味でした。「マタイ伝」には「偽預言者」は「奪ひ掠むる豺狼」だとありました。ここに登場する「魔術者共」も「支配者の神聖」に迎合しようと、その言葉を巧みに使って「無智な民衆」を惑わし「吾々」の神聖と清浄を奪うもの、つまり「神」に属する者と言えるのではないでしょうか。そうした者はどうなるべきかと言うと、「この地上より消えねばならぬ。人間を裁き人間を罰する者は人間の世界より消えねばならぬ」ということでした。

「荊の冠り」に戻ると、その後「東照権現の神通力は恐しき拘束力をもつて民衆を各その適当の地位に緊縛」し、差別を強化したと西光は言います。そして幕末期において揺らいできたその権力支配を立て直すために試みられた「吾等に対する冷酷なる虐待令」は、民衆の意識に強力に作用し、徳川幕藩権力が滅びた後も効力が続き、そうして「吾等の上には依然として荊冠は萷々しく剰へ近代産業組織による経済的労苦の十字架さへ負はされて」いると言うのです。

こうした「社会的迷信の荊を冠せられ、経済的労苦の十字架を背負されて、人生のドン底へまで馳りたてられた」状況が、受難と殉教によってもたらされた絶望的な「呪はれの夜の悪夢」で、荊冠旗の背景である「真黒」がそれを表しているのでしょう。

そして「荊の冠り」は次のように締めくくられています。

しかも今やこの荊冠に光あらしめる時が来た。この十字架を負ふ者の祝福される時が来た。吾等の手にはかつては吾等を石にしたメヅサの正体を映し出だす鏡がかざされた。吾等の上には人間に反逆を教へたルシファーの星が光つてゐる。それは『よき日』の黎明の星である。虐げられたる民衆の上に照り輝く太陽の回帰を告げる星である。やがて神はそれに属する一切とともにこの地上より消えねばならぬ。人間を裁き人間を罰する者は人間の世界より消えねばならぬ。

水平社宣言とよく似た「今やこの荊冠に光あらしめる時が来た。この十字架を負ふ者の祝福される時が来た」という表現がここで使われています。荊冠旗の意味を考えるうえで「血みどろな人間」や「血の色」は重要なキーワードでした。この水平社宣言とよく似た表現と、重要なキーワードである「人間の血」という語句は水平社宣言で次のように出てきます。

兄弟よ、吾々の祖先は自由、平等の渇仰者であり、実行者であつた。陋劣なる階級政策の犠牲者であり男らしき産業的殉教者であつたのだ。ケモノの皮剝ぐ報酬として、生々しき人間の皮を剝取られ、ケモノの心臓を裂く代価として、暖い人間の心臓を引裂かれ、そこへ下らない嘲笑の唾まで吐きかけられた呪はれの夜の悪夢のうちにも、なほ誇り得る人間の血は、涸れずにあつた。そうだ、そして吾々は、この血を享けて人間が神にかわらうとする時代にあうたのだ。犠牲者がその烙印を投げ返す時が来たのだ。殉教者が、その荊冠を祝福される時が来たのだ。
吾々がエタである事を誇り得る時が来たのだ。

絶望するような悪夢の中にあっても人間の尊厳を求めようとする「人間の血」は完全には絶えてはいなかったということはすでに見てきましたが、「人間の血」とともにこの文章で注目したいのは、「ケモノの皮剝ぐ報酬として、生々しき人間の皮を剝取られ、ケモノの心臓を裂く代価として、暖い人間の心臓を引裂かれ、そこへ下らない嘲笑の唾まで吐きかけられた」という箇所です。つまりこれも「血みどろ」を想起させると思うのです。

水平社宣言のこの箇所は、皮革産業や食肉産業に携わってきたことによって差別を受けてきたと単純に受け止めてしまいそうですが、この部分もやはり血まみれになって労働してきたことを想像させます。さらに「生々しき人間の皮を剝取られ」や「暖い人間の心臓を引裂かれ」も、差別を受けて傷つけられてきたと受け止められそうですが、ここにも別の意味が含まれていると思うのです。

つまり「吾々」部落民は皮革産業や食肉産業に携わり、まさしく血にまみれながらそうした産業を発展させて、人びとの豊かな生活を支えてきたにもかかわらず、迷信によって世間からは蔑視を受け、「暖い人間の心臓」＝人間の尊厳までも踏みつけられたうえにずたずたに引き裂かれて、心までも「血みどろ」にされてきたと私は解釈しているのです。それこそ西光が言うところの「この血みどろの踏みつけられた『人間』」ということではないでしょうか。これが社会の調和を保つための役割と受難を負担してきた「階級政策の犠牲者」であり、「産業的殉教者」ということで、まだそのうえに「嘲笑の唾まで吐きかけられた」と言うことでしょう。

さらに、素性や真相を包み隠しているうわべの体裁を「化けの皮」と言いますが、「生々しき人間の皮を剝取られ」という表現には、次のような意味も含まれているのではないでしょうか。それは、同じ人間であるにもかかわらず、「人間の皮」をかぶったものと見なされて、それが化けの皮で同じ人間ではないのだと、正体を暴いてやると言わんばかりに「人間の皮」を剝がされてきた、つまり人間の皮をかぶった人間ではないもののように扱われてきたという意味も込められているように思うのです。考えすぎかも知れませんが、あながち的外れとも思えないのです。

そして「ケモノの皮剝ぐ報酬として……」の前には「吾々の祖先は自由、平等の渇仰者であり、実行者であつた。陋劣なる階級政策の犠牲者であり男らしき産業的殉教者であつたのだ」とあります。先の「檄文」には「地下に呻く幾千万の祖霊」とありました。つまり「陋劣なる階級政策の犠牲者」であり「産業的殉教者」であった「吾々の祖先」は、そのようにして「血みどろ」にされたまま「幾千万の祖霊」となり、いまもまだ地下で苦悶《くもん》していると言うのです。

社会的迷信によって多くの先人が「罪人」のように扱われて名誉を傷つけられ、無念のまま絶望の闇に葬られてきたけれど、その祖霊はいまだに地下で苦しさのあまり声をあげていると言うのです。つまり、祖霊は何かを求めようと、何かを変えようと苦しみ喘いでいるということでしょう。西光が言う「血みどろな人間が、まだ殺されずに生きている、しかも立上がって来たような」とは、人間の尊厳を求めようとする祖霊たちの「なほ誇り得る人間の血は、涸れずに」まだそこにあると、そうした意味も含まれていると思うのです。

民族自決団の「檄」にも、「独創と創造力を有する我が民族に檄す。我等民族の祖先は尤も大なる自由と平等の渇仰者であつて、又実行者であつた。そして尤も偉大なる殉道者であつた。我等はその祖先の血を享けた民族である」とありました。自由と平等を求める「祖先の血を享けた」、つまり、その冤罪を引きついだ「吾々」の力でそれを晴らし、祖先がかぶせられてきた「荊冠に光あらしめる時が来た。この十字架を負ふ者の祝福される時が来た」と言うのです。

水平社宣言では、「吾々」は先人の祖霊の「この血を享けて人間が神にかわらうとする時代にあうたのだ」と言い、続けて「犠牲者がその烙印を投げ返す時が来たのだ。殉教者が、その荊冠を祝福される時が来たのだ」、そして「吾々がエタである事を誇り得る時が来たのだ」と言うのです。つまり、謂《いわ》れのない社会的迷信によって押された烙印《らくいん》から祖先や「吾々」を解放して「汚名」を返上する時がきたと言うのです。

水平社宣言のこの部分の内容や「あうたのだ」「来たのだ」と続ける表現には、一種の目覚めが感じられるのですが、ここでまた思い出されるのが『カラマーゾフの兄弟』に登場するイヴン（イヴァン）の兄ドミートリイのことです。父親殺しの冤罪を引き受けたドミートリイについて、ジュニア版『カラマーゾフの兄弟』の木下豊房の解説には次のようにあります。

ドミートリイは受難の立場に立たされます。ところで、かれは、捕らえられたあと、飢えた子供、「餓鬼」の夢を見てから、無実の罪を背負う自分の苦しみが、実は自分のなかに閉じこめられていた真の「人間」をめざめさせることに気づくのです。かれは「餓鬼」の夢によって、世界に対して自分も一定の責任、罪を負っているという意識に到達するのです。イヴァンとの比較でいうなら、ドミートリイは肉体的情熱における自由、放縦を表わしており、かれは父親殺しと言う状況のなかで、自分の生き方のつまづきを体験して、そこから、自分の盲目的なエゴ（自我）をこえた普遍的な生き方につこうとしたとき、罪の意識と宗教的なめざめを経験することになるのです。

（ジュニア版・世界の文学一七『カラマーゾフの兄弟』米川正夫・鎌原正巳訳、金の星社、一九九一年）

ドミートリイのこの宗教的な覚醒は、水平社宣言の「吾々は、この血を享けて人間が神にかわらうとする時代にあうたのだ」から「吾々がエタである事を誇り得る時が来たのだ」という一文を私に連想させます。「エタの罪名は神聖と清浄を奪はれた者が当然の罰としてうける可きもの」とされ、無実の罪なき者に「荊が冠せられ」てきたけれど、いまやその荊冠は罰などでは決してなく喜んで受け入れられる対象とすべき、祝福する対象とすべき象徴で、長く苦しめられてきた「呪い」による卑下や劣等意識を解き放って先人の名誉を回復し、「吾々」のアイデンティティやルーツを肯定する時がきたのだという、そうした覚醒と重なって感じられるのです。

荊冠旗の写真（巻頭口絵）を見て下さい。荊冠の縁が光に照らされて輝いているのがわかります。「荊冠に光あらしめる時が来た」、つまり「荊冠を祝福される時が来た」という意味も込めて、西光は荊冠旗をデザインしたと確信が持てます。

冤罪からの解放

先の「檄文」には「祖霊を弔う祭壇の前に参加せよ」ともありました。弔うとは、人の死をいたんで喪にある人をたずねて慰める、弔問する、亡き人の冥福を祈る、法要を営む、という意味です。民族自決団の「檄」にも「我が祖先の霊を慰めんが為め共通なる目標に向つて猪突的に前進せよ。／我々の黙す秋は去れり。幾百年来の革新を期する秋は来れり」と、「祖先の霊を慰めん」と出てきます。

また、同じく『よき日の為めに』にも、次のように「祭壇」が出てきます。

私共は私共の力を協同一致させねばなりません、そしてよき日と人心との力に統一をつくる事に働かねばなりません、あらゆる人々を水平社に呼び集めねばなりません。そこで水平社についての問合。によつてその準備にかゝり度いと思ひます。私共は有らゆる有志者に宛て、水平社に就いての一切の道信を乞ひます。私共は早く祭壇を造りたい。そして集つた多くの同行連の有難い姿を拝む事によつて、もつと勇しい、もつと美しいものを獲得したいものです。

全国水平社の創立者たちは「早く祭壇を造りたい」と言っています。「祭壇」とは、祭祀《さいし》を行う壇のことで、供物をささげるために他から区別され、聖化された場所のことです。供物とは、神仏に供える物、そなえものを言います。「檄文」の「祭壇の前に参加せよ」は、水平社に結集せよという意味に解釈できますが、水平社がその祭壇に捧げる供物、すなわち「地下に呻《うめ》く」先人の魂を慰めるために必要な供物が「荊冠に光あらしめる」ための水平社運動であり、水平社運動が実現すべきは先人と「吾々」の「汚名」を返上し、名誉と尊厳を回復することだと言うのでしょう。すなわち「特種部落民なる名称が賤視的観念より乖離するであらうよき日」を実現しそれを供物としてささげることが、祖霊の無念を晴らす弔いになり、それが

「人類最高の完成」へと続く道だということでしょう。こうした決意が荊冠旗には込められていると考えているのです。

こうして考察してくるとどうでしょうか。「吾等の上には依然として荊冠は莿々しく剰へ近代産業組織による経済的労苦の十字架さへ負はされてゐる」が、「今やこの荊冠に光あらしめる時が来た。この十字架を負ふ者の祝福される時が来た」という「荊の冠り」のこの部分は、先に見た水平社宣言の「兄弟よ、吾々の祖先は自由、平等の渇仰者であり、実行者であつた」から「吾々がエタである事を誇り得る時が来たのだ」と重なってきます。つまり、水平社宣言のこの箇所は、綱領の第二項「吾々特殊部落民は絶対に経済の自由と職業の自由を社会に要求し以て獲得を期す」を表現したものと考えられます。

「社会的迷信の荊を冠せられ、経済的労苦の十字架を背負されて、人生のドン底へまで馳りたてられ」「依然として荊冠は莿々しく剰へ近代産業組織による経済的労苦の十字架さへ負はされてゐる」そんな状況からの解放を求め実現することを、全国水平社の創立者たちは綱領で「経済の自由と職業の自由」を獲得すると表現しているのでしょう。「社会的迷信の荊を冠せられ」たことからの解放とは、「牛馬を屠ることの如何に卑賤であるかを証明する迷信」を吹き込まれた結果、その業に対する民衆の忌避意識や差別的なまなざしが増幅させられ、「生業によつて人間が侮られ、人間によつて生業が卑しまれるにいたつた」そうした状況からの解放ということです。水平社宣言の「職業の自由」とは、単なる職業を選択する自由というわけではないことがわかります。また、「経済」とは、国を治め民を救うこと（『現代国語辞書』一誠社、一九二三年）とあり、十字架は、犠牲や苦難の象徴とされています。そうすると「経済的労苦の十字架」からの解放とは、「社会的迷信の荊を冠せられ」たその業に「敢て」就いてきたことによって、「エタの罪名」

で賤民とされ、社会を安定させるために強いられてきた苦難や贖われることなく棄てられてきた犠牲からの解放、つまり受難や冤罪からの解放ということでしょう。

贖罪と赦し

西光がドストエフスキーの思想に影響を受けていることは先にも見ましたが、先にも登場した『カラマーゾフの兄弟』の「反逆」の章に「世界の人間が小さな受難者の、贖われざる血潮の上に建てられた幸福を甘受して永久に幸福を楽しむだろうというような想念を、平然として許容することができるかい？」とありました。水平社の創立者たちも、罪なき者の犠牲のうえに成立する経済、つまり贖われざる先人の苦痛や苦悶のうえに成り立つ社会の調和を許容することはできない、この受難や殉教は必ず贖わなければならないとの意味を込めて、「犠牲者がその烙印を投げ返す時が来たのだ。殉教者が、その荊冠を祝福される時が来たのだ」と発信したのではないかと私は考えているのです。

部落民の自尊感情の回復とともに「よき日」を実現するために必要な要素がその贖いということでしょう。決議の第二項には「経済の自由と職業の自由を社会に要求し以て獲得を期す」とあり、それは「社会に要求」するものです。先人の無実の罪からの解放に必要な祭壇に供えられるべきもの、つまり祖霊の汚名を返上し、その魂を慰め、名誉を回復するために絶対的に必要な供物があります。水平社が社会に要求するそれは何でしょうか。

全国水平社の創立大会への参加を呼びかけたチラシには、「常に自ら卑下せんとする特殊部落民の自覚と民衆の反省を促さん」とありました。「経済の自由と職業の自由」を獲得し、「荊冠に光あらしめ」「荊冠を祝福」するために「吾々」部落民が社会に求め、獲得しなければならないものが「民衆の反省」なのでしょう。水平社は少し控えめに「反省」と表現していますが、それこそ真に求めたいものは「反省」を源泉とした民衆の謝罪、すなわち罪なき者を「虐め」「嘲笑の唾まで吐きかけ」「人間を勦る」かのように振舞ってきた罪過に対する贖いでしょう。

平野は「殉教者殉道者たれ」（『水平』第一巻第一号、一九二二年七月）で、部落民の受難の一端について次のように表現しています。

徳川政府の無惨なる凶暴の政策によつて祖先は人間界から千仭の渓谷にツキ落されて了つたのだ。奴隷どころではない。そうした生やさしい言葉で表現し得ぬほどに何事も抹殺されて了つた。

その後、祖先の社会的生活、精神生活は再び権勢に阿諂ふ宗教家等の獰猛なる政策と相俟つて、口にするも筆にするも恨めしき涙の歴史を遺さしめられた。血を吐く悶え悩みの歴史に綴らしめられたのだ。

世界の歴史上に斯程まで惨逆な歴史があらうか。名称そのものにしろ、『豊富なる支那の語彙を捜してもこれほど侮辱を現はした文字は少ない』のだ。俺達は徳川政府が遺した史実を胸底に深く織りなして、刻み込せて忘るるなかれだ。そして子孫に伝へよ。

しからば現今は如何、明治四年の解放令によりて、人間界に、千仭の谷より血塗れの姿の儘に引き揚げられた。けれども、それは亡霊の如くであつたそして創痕は依然として癒えてゐない。外面に於ては癒えたるが如く見ゆるも、内面の、形而状の鋼鉄の鎖は縛されてゐるのだ。そして益々重患者として喘ぎつゝゐるのだ。俺達はその烙印を投げ返さねばならない。

平野の文章には残虐の歴史に対する部落民の当然の怒りが込められています。筆舌に尽くしがたい苦痛や苦悶を「吾々」部落民に与えてきたにもかかわらず、「解放令」が公布されて以降もあなた方が取ってきた体裁を繕うような上辺だけの態度によって、「吾々」は「益々重患者として喘ぎつゝゐる」と言います。「全国水平社創立大会記」では、この態度が次のように表現されています。

所謂美しい社会には人道者の群がある。道徳を説く群がある。これ等の人々は吾々民族に対して無理な涙を以て接して来た。亦た祖先より今日まで踏み躙つた虐待の泥足を洗はうともせずして、愛を説いて接近して来つた者もある。蹴飛ばした血まみれの反逆を怖れて握手を求め、同情融和をしやうとして来た人もある。そうした精神で『解放を図つてやらう』などと云ふ所謂恐怖病者の偽善的運動、団体運動をした者もあつたけれどもそれ等は皆一列に矢張り台頭せんとする覚醒と反抗の頭おさへの企みであつた。

自身が犯してきた罪過を省みることもせず、部落民に対するこれまでのむごい仕打ちをまるでなかったかのようにして抱き合おうとする「人道者」の行為は、偽善的であるばかりか、それはそれまでの支配と服従の関係の継続を目論む策略であったと、全国水平社はその腹の内を見透かし、指弾します。平野をはじめとする多くの部落民が感じていたような残虐な歴史を水に流すことなどできるでしょうか。

その罪過の贖いなしに赦《ゆる》すことはできないと、水平社は「京都へ！　京都へ‼」で次のように社会に訴えます。

社会一般としてもそうです、真に差別撤廃を期するなれば、一片の法令が、直ちによく、一千年来の因習を打破し得たかの如く考へる様に、何んでも兎に角両方から一つになればよい、その他の、如何にしてほんとに一つにならうか？　に付いての会合なんか有害無用だといふやうな考へ――万一にもそう思はれる人はキット過去半世紀の事実のまへに眼を瞑つてゐた人に相違ない――を全然取り除けて下さい、

そして、いかにも彼等――即ち吾々の社会群――が集合する事は当然であると思はれた時、そこからも、差別の氷を溶かす暖かさが流れるでせう

皆んなしてもつと暖い人の世をつくり度いものです。

京都へも御集り下さい

水平社の創立者たちは「一片の法令が、直ちによく、一千年来の因習を打破し得たかの如く考へる様に、何んでも兎に角両方から一つになればよい（中略）といふやうな考へ（中略）を全然取り除けて下さい」と言います。つまり、「解放令」が一千年来の因襲をすべて解決したかのように考えて、とにかくなんでもいいから融和をすればいいのだという考えは取り去ってくださいと訴えます。この「何んでも兎に角」との表現に、これまでのことはひとまず横においてという気持ちや、罪過をもみ消そうとする底意が透けて見

えていますよという、水平社創立者たちの丁寧な指摘が込められているように感じます。さらに「解放令」によって法制度上において平等になったからと言って、あなた方が「吾々」部落民にとってきた残虐で冷酷な振る舞いが免罪されたわけではないのですよ、そう簡単に水に流せるわけがありませんよ、という水平社の静かなる闘士も感じられます。ただ全体として怒りを押し殺すというよりも、怒りを滲《にじ》ませないように言葉を慎重に選んでいるようにも感じられます。その諭すように訴えかける水平社の創立者たちの表現からは、あなた方からの贖いを受け容れる心の準備ができていると、そうした赦しを前提とした歩み寄りが感じられます。

ここにもドストエフスキーの思想との関連が見えてくるのですが、先に見た『カラマーゾフの兄弟』の「反逆」の章に登場するイヴンは、「世界の人間が小さな受難者の、贖われざる血潮の上に建てられた幸福を甘受して、永久に幸福を楽しむような想念」を許容することはできないと言い、「神ちゃま」と祈った哀れな女の子の涙は必ず贖われなくてならないと主張していました。そしてそれを贖う方法を次のように述べます。

この涙は必ず贖われなくちゃならない。でなければ、調和などというものがあるはずはない。しかしなんで、何をもってそれを贖おうというのだ？ それはそもそも出来ることだろうか？ それとも、暴虐者に復讐をして贖うべきだろうか？ しかし、われわれには復讐なぞ必要はない、暴虐者のための地獄なぞ必要はない。すでに罪なき者が苦しめられてしまった後で、地獄なぞがなんの助けになるものか！それに、地獄のある所に調和のあろうはずがない。僕は赦したいのだ、抱擁したいのだ。決して人間がこれ以上苦しむことを欲しない。

阪本清一郎も「真の水平をもとめる。それはひとつの闘争になる。逆襲ではなく、堂々として一個の人格を自ら生かしていく、ということが我々の望みでした」と、水平社の目的は決して復讐ではないと言っていました。水平社の創立者たちも「人類最高の完成」に向かうために赦したかったのではないでしょうか。そして抱擁したかったのではないかと私には感じられます。

そのために社会に求めたものが「反省」で、だからこそ「いかにも彼等——即ち吾々の社会群——が集合する事は当然であると思はれた時」、すなわち、部落民の尊厳を傷つけてきたその罪深さを直視し、その過ちを民衆が反省するとともに、部落の人びとが自身の正当な権利を求めて、また贖いを求めて運動を起こすことは当然だとの思いにいたった時に、そこからも「吾々」のわだかまりを氷解させる「暖かさ」が流れる、というのでしょう。その「反省」の気持ちが先人を含めて「吾々」の「創痕」を癒やすのだということでしょう。

全国水平社が、「人の世の冷たさが、何んなに冷たいか、人間を勦はる事が何んであるかをよく知つてゐる吾々は、心から人生の熱と光を願求礼讃する」と願い、「人の世に熱あれ」と求めた「熱」の意味が浮かんできます。

西光は、「人間は尊敬す可きものだ」で、「現代社会の不合理なる差別相を撤廃するに当つて、それを構成するものが卑下と賤視の感情」と言っていました。まさしく全国水平社は、その二つの克服を綱領の第一項と第二項に掲げ、「吾等は人間性の原理に覚醒し人類最高の完成に向つて突進す」と発信したのでしょう。荊冠旗は非常にシンプルなデザインですが、西光がその中にこうした多くの意味を込めていたのだと感じます。

8 「人間に光あれ」とは

魔物を退治する鏡

先に見た「荊の冠り」の文章には、「吾等の手にはかつては吾等を石にしたメヅサの正体を映し出だす鏡がかざされた。吾等の上には人間に反逆を教へたルシファーの星が光つている」とありました。また、一九二二年五月一〇日に開催された奈良県水平社創立大会でも、西光は次のように訴えています。

昔或国にミツサリ(?)といふ化物がありました、奇麗な女の顔をして居って頭髪は一すじ一すじ皆蛇で、此の化物を見た者は石にされたのであります、吾々が丁度部落外に出た時にあれは穢多であると侮辱されるのはミツサリが人を石にしたのと同じことであります、しかし、ミツサリを斃した勇者があります、この勇者は神様から鏡を貰い、ミツサリが眠って居るときに顔を照して睨みつけて本当のものを殺したのであります、鏡とは何か真の像を写すものであります、吾々がいふ所の人間性を覚醒するものであると思ひいます

(「(仮称)水平社歴史館」建設推進委員会編『創立期水平社運動資料』第四巻、不二出版、一九九四年)

※原文はカタカナ

「ミッサリ（?・）」と書き取りされていますが、これは「メデュサ」のことです。西光はここにも「メデュサ」や「鏡」を登場させています。そして西光は、「鏡とは何か真の像を写すもの」で、それは水平社創立者たちが言うところの「人間性を覚醒するもの」と言うのです。また、「メデュサ」を退治するためには「鏡」が必要だとも言っています。『よき日の為めに』の巻頭言「わしはルシファー」には、明けの明星であるルシファーのうえには「『真理』の光を反射する鏡」がかかっているとありました。「人間に光あれ」の意味を考えるうえで、「鏡」と「メデュサ」に注目してみましょう。西光の「荊の冠り」に「メヅサ」とありましたが、西光の「人間は尊敬す可きものだ」にも次のように「メヅサー」が登場します。

吾等が先づ、卑下と賤視の感情が相互作用していく多の悲惨事を現実する不合理なる差別相をかたづくることを思ふ時、たゞちに従来の恩恵的同情、差別的改善、収奪的融和によつて、これを解決せんとせる人達のあまりの気の好さに忌々しくなる。そこで卑下と屈辱の体験者であり、そうした他人の心理を可なり充分に理解し得る吾等は、いまなほ祖先の迷誉？を洗ひたてることによつて現在の不迷誉？の修繕を企てたり、メヅサーのまへにいつまでも眼を閉じようとしたり、耳を塞いで鈴を盗む事をたくらむところの、いくたの悲喜劇を見る時に当然吾等自身のなす可き仕事を為さずには居られない。不合理なる差別を除くための合理的差別運動、吾等を自ら解放せんとする水平運動を起さずにはゐられなかつた。しかもこれに対する吾等の多くは恰もすべてを啓示したゾラの国葬に反対したフランス人であり、真実を蔽はんとする理想主義？の牧師マンデルスであつた。これは遺憾なる事実であるとともに水平運動を意義あらしめる所のものである。それ程吾等は現実の真相を見ることを恐れるまでに勦はられて来たのだ。

西光が言うところの「メヅサ（メデュサ）」は、『広辞苑』には「メドゥサ」の項目で載っていて、ギリシャ神話のゴルゴン三姉妹の一人で、蛇の頭を持ち、これを見るものを石に化したと解説されています。メドゥサは見たものを石に変える非常に恐ろしい怪物ということですが、西光の演説にもあったように、ギリシャ神話によれば鏡のように磨かれた盾を持ったペルセウスという英雄が、盾に映したメドゥサの姿を見ながら近づきその寝首を切り落として退治してしまいます。西光は、ルシファーがかざす「鏡」をその神話の盾にたとえているのでしょう。『よき日の為めに』の巻頭言では、その鏡は「『真理』の光を反射する鏡」と出てきました。そしてその「鏡」が「吾々」の手にはかざされたと西光は言うのです。

決議の第一項に「一、吾々ニ対シ穢多及ヒ特殊部落民等ノ言行ニヨツテ侮辱ノ意志ヲ表示シタル時ハ徹底的糺弾ヲ為ス」とあったように、水平社が退治するものと言えば差別です。ということは、西光は「不合理なる差別」という魔物をメドゥサにたとえていると考えられます。

すべての人間の覚醒を

西光は、「我々が丁度部落外に出た時にあれは穢多である、特殊部落民であると侮辱されるのは『メデュサ』が人を石にしたのと同じこと」と言います。メドゥサがその姿を見たものを石にしたように、これまで「吾々」部落民は差別という魔物に出くわした際に身動きができない状態にされてきた、あるいは、石にされないように目をつぶってやり過ごしてきたと言うのでしょう。「目をつぶる」という慣用句には、眠るの他に、死ぬ、欠点・過失などを見ぬふりをして咎《とが》めない、我慢する、あきらめるという意味があります。まさにこれまで「吾々」は不合理な差別を見たり受けたりしても、抵抗することもできず、平等な権利を主張することもできず、我慢を強いられ、差別を正視することができなかったと言うのでしょう。「それ程吾等は現実の真相を見ることを恐れるまでに勦はられて来たのだ」と、つまりは、「吾等かくの如く貧弱にして且つ悲惨なる存在に到らしめたが為めに彼等は殆んど今日持続するのより更によき生活を考慮する事が出来ない」ほど、差別によって人間の尊厳を奪われ、卑下意識や劣等感を植えつけられてきたと言うのでしょう。「人間は尊敬す可きものだ」で西光が言っていた「おまへさへ新平民でなければよいのだ、そんな子供に遊んでもらふな」と言い聞かせる教師の例や、入浴を拒否された若者に「そんな嫌はれる様なお湯屋へは行くな」と言った巡査の例が思い出されます。

そして西光は、メドゥサの前にいつまでも眼を閉じているような、そんな「怯懦なる行為」を続けるわけにはいかず、水平社運動を起こさずにはいられなかったと言います。ペルセウスが鏡を使ってメドゥサを退治したように、「吾等の手にはかつては吾等を石にしたメヅサの正体を映し出だす鏡がかざされた」、つまり、不合理な差別という魔物の正体を映し出して退治する手段を「吾々」は手に入れたというわけです。ルシファーは「あれがわしの星で、あの上に『真理』の光を反射する鏡が懸つてゐる」と言っていましたので、その鏡を手にしたということを西光は表現しているのではないでしょうか。

西光は「鏡とは何か真の像を写すものであります、吾々が云う所の人間性を覚醒するもの」と言い、「吾等の上には人間に反逆を教へたルシファーの星が光つている」と言います。それは、真理に通じていない無知な人間の無明の闇を破る菩薩の光明を、つまり「『真理』の光」を反射させてルシファーが光っているということでしょう。その光を「吾々」の手にかざされた「『真理』の光」を反射する鏡で放射し、差別という魔物に取りつかれた人間をそこから解放するということを西光は表現していると思うのです。それはすなわち、差別相のもう一方を形成する賤視観念から抜け出ることができない人間が人間は尊敬されるべきものだという人間性の原理に覚醒する、そのきっかけを与えることを意味しているのでしょう。つまり、賤視観念を自らの力で克服できるようにするきっかけをつくる運動が水平社運動で、それが糺弾ということなのでしょう。

こうした意味を込めて全国水平社の創立者たちは「人間に光あれ」と表現したのではないでしょうか。つまり、私たち人間ひとりひとりが無明の闇から解放され、人間は尊敬されるべきものという人間性の原理に自ら覚醒するようにとの願いをこめて、全国水平社の創立者たちは「人間に光あれ」と表現したのではないかと私は考えているのです。

参考文献

●史料集

愛国新聞社『覆刻 愛国新聞』労農運動史刊行委員会、一九七五年

「(仮称)水平社歴史館」建設推進委員会編『創立期水平社運動資料』全四巻、不二出版、一九九四年

北川鉄夫・木村京太郎・難波英夫・阪本清一郎監修『西光万吉著作集』全四巻、濤書房、一九七一年〜一九七四年

「西光万吉集」編集委員会編『西光万吉集』解放出版社、一九九〇年

浄土真宗本願寺派総合研究所編『浄土真宗聖典―註釈版 第二版』本願寺出版社、二〇〇四年

浄土真宗本願寺派同朋運動変遷史編纂委員会編『同朋運動史資料』1、浄土真宗本願寺派出版部、一九八三年

同愛会本部『同愛 復刻版』全三巻、解放出版社、一九八三年

部落解放・人権研究所 衡平社史料研究会編『朝鮮衡平運動史料集』〈金仲燮《キムジュンソプ》・水野直樹監修〉、解放出版社、二〇一六年

――朝鮮衡平運動史研究会編『朝鮮衡平運動史料集・続』〈金仲燮・水野直樹監修〉、解放出版社、二〇二一年

部落解放同盟中央本部編『写真記録・水平社五十年史』部落解放同盟中央出版局、一九七一年

――『写真記録 全国水平社』解放出版社、二〇〇二年

――『写真記録 部落解放運動史―全国水平社創立一〇〇年』解放出版社、二〇二二年

部落問題研究所編『水平運動史の研究』第二巻〜第五巻〈資料篇上・中・下、研究篇上〉、部落問題研究所出版部、一九七一年〜一九七二年

米国聖書協会『旧新約聖書』、一九一四年

松尾尊兊解説『復刻版 警鐘』不二出版、一九八八年
大和同志会『復刻・明治之光』全三巻、兵庫部落問題研究所、一九七七年
渡部徹・秋定嘉和編『部落問題・水平運動資料集成』第一巻、三一書房、一九七三年
――『部落問題・水平運動資料集成』補巻一、三一書房、一九七八年
渡部徹監修・藤野豊解説『復刻版 初期水平運動資料集』全五巻、不二出版、一九八九年

●文献

朝治武『水平社の原像―部落・差別・解放・運動・組織・人間』解放出版社、二〇〇一年
――「全国水平社創立宣言が描いた部落民像」(『ヒューマンライツ』第一六八号、二〇〇二年三月)
――「全国水平社創立への分水嶺―大日本同胞差別撤廃大会の意味」(『部落解放』第四九九号、二〇〇二年三月)
――『差別と反逆―平野小剣の生涯』筑摩書房、二〇一三年
――「全国水平社創立宣言の世界的意義」(『部落解放』第七〇七号、二〇一五年三月)
――『全国水平社一九二二―一九四二―差別と解放の苦悩』筑摩書房、二〇二二年
朝治武・守安敏司編『水平社宣言の熱と光』解放出版社、二〇一二年
井岡康時「可能性の運動体―燕会から水平社へ」(『水平社博物館研究紀要』第四号、二〇〇二年三月)
岩間一雄編『三好伊平次の思想史的研究』三好伊平次研究会、二〇〇四年
永六輔「ぼくが出会った西光さん」(『部落解放』第三九〇号、一九九五年六月)
奥本武裕「部落差別撤廃運動の思想的基盤―中村甚哉における伝統の継承」(『奈良県立同和問題関係史料センター研究紀要』第一六号、二〇一一年三月)

――「部落差別撤廃運動の黎明―帝国咸一会・大日本咸一会とその周辺」〈世界人権問題研究センター編『問いとしての部落問題研究―近現代日本の忌避・排除・包摂』〈人権問題研究叢書一六〉、世界人権問題研究センター、二〇一八年〉
鹿野政直「全国水平社創立の思想史的意味」(『部落解放』第三五一号、一九九三年一月)
鞍手郡民啓発実行委員会編『全国水平社創立六〇周年記念講演』鞍手郡民啓発実行委員会、一九八二年
金永大著、『衡平』翻訳編集委員会翻訳・編集『朝鮮の被差別民衆―「白丁」と衡平運動』部落解放研究所、一九八八年
小正路淑泰「「水平社宣言」の成立―無産者リーフレット『特殊民の解放』の役割をめぐって」(『部落解放』第四五五号、一九九九年六月)
駒井忠之「全国水平社創立宣言における「熱」と「光」の考察」(『水平社博物館研究紀要』第二三号、二〇二一年三月)
――「全国水平社創立の思想的意味」(朝治武・黒川みどり・内田龍史編『近代の部落問題』〈講座 近現代日本の部落問題〉第一巻、解放出版社、二〇二二年)
西光万吉「「水平社宣言」について」(『部落』第二一六号、一九六七年五月)
自由社〈編輯一同人〉「思ひ出 創立のころ」(『自由』第二巻新年号、一九二五年一月)
水平社創立発起者 水平社創立趣意書『よき日の為めに』一九二二年二月(水平社博物館所蔵)
水平出版部『水平』第一巻第一号、一九二二年七月(水平社博物館所蔵)
水平出版部『水平』第一巻第二号、一九二二年一一月(水平社博物館所蔵)
水平社博物館編『新版 水平社の源流』解放出版社、二〇〇二年
水平社博物館編『全国水平社を支えた人びと』解放出版社、二〇〇二年
鈴木良『水平社創立の研究』部落問題研究所、二〇〇五年

住井すゑ・永六輔『住井すゑと永六輔の人間宣言―死があればこそ生が輝く』光文社、一九九五年
住井すゑ・福田雅子『水平社宣言を読む』解放出版社、一九八九年
田宮裕三「西光万吉の水平社草創のたたかい」（『部落解放』第一七九号、一九八二年三月）
手島一雄「史料紹介 全国水平社創立に関する三好伊平次（内務省社会局嘱託）「復命書」」（『水平社博物館研究紀要』第一三号、二〇一一年三月）
ドストヱーフスキイ著、米川正夫訳『カラマーゾフの兄弟』上・中・下、新潮社、一九一七年～一九一八年
ドストエーフスキイ著、米川正夫訳『カラマーゾフの兄弟』第一巻～第四巻、岩波書店、一九二七年～一九二八年
ドストエーフスキイ著、米川正夫・鎌原正巳訳『カラマーゾフの兄弟』ジュニア版 世界の文学一七、金の星社、一九六八年
平野重吉編『よき日の為めに《綱領概説》』関東水平社出版部、一九二二年四月（水平社博物館所蔵）
福田雅子『証言・全国水平社』日本放送出版協会、一九八五年
藤野豊・黒川みどり『人間に光あれ―日本近代史のなかの水平社』六花出版、二〇二二年
ポール・クローデル著、奈良道子訳『孤独な帝国―日本の一九二〇年代』草思社、一九九九年
部落解放研究所編『部落解放史―熱と光を』中巻、解放出版社、一九八九年
部落問題研究所編『部落の歴史と解放運動』近・現代篇、部落問題研究所、一九八六年
マイケル・コリンズ総監修『ビジュアル大百科 聖書の世界』明石書店、二〇一六年
松尾尊兊『大正デモクラシー』〈日本歴史叢書〉、岩波書店、一九七四年
松岡保「『よき日の為めに』（水平社創立趣意書）におけるロマン・ロランとゴリキー」（『関西大学部落問題研究室紀要』第一〇号、一九八四年一二月）

――「『よき日の為めに』（水平社創立趣意書）におけるゴリキー（補遺）」（『関西大学部落問題研究室紀要』第一七号、一九八八年九月）
馬原鉄男『水平運動の歴史』部落問題研究所、一九七三年
美作修「「水平社宣言」の思想」（『部落解放』第一七九号、一九八二年三月）
――「続「水平社宣言」の思想」（『部落解放』第一八一号、一九八二年五月）
宮橋國臣『水平社創立宣言と「エクスプレショニズム」―アヴァンギャルド西光万吉の苦悩と遍歴』奈良県高等学校教育文化総合研究所、二〇〇六年
宮前千雅子「水平社の「姉妹」たちの誕生―『婦人公論』での論争を中心に」（『関西大学人権問題研究室紀要』第八一号、二〇二一年三月）
――「ジェンダーの視点から水平運動を問う」（『部落解放』第八二二号、二〇二二年六月）
守安敏司・藤田正・朝治武『水平社宣言・解放歌』解放出版社、二〇〇五年
師岡佑行『西光万吉』清水書院、一九九二年

資料編

△鐘によせて

西光寺一

吾々の長かりし夜の黎明になり渡る
よき日の晨朝になり渡る、
もっとなれ、
あらゆる魂がめざめるまで、
あらゆる人間の悪夢が消えるまで、

◇

わだつみのそこ渕の中、水藻の下に、
かげを沈めた鐘でさへ、
なる時がある ――

◇

これは警鐘、
これは暁鐘、
これは聖鐘、
めざめと黎明と愛の音、
これは自由、これは快活、
歓喜と礼讃でございます。
大宇宙の巡礼よ、
これは人間の浄土への道でございます。
二河白道の巡礼よ、
これはパンとシレンのうたでございます。
生命の鐘の音は、
祈念の魂から魂へ、はてしらぬ、
余韻を引く ――

◇

生命の鐘つき男よ、
なんとおまへの御苦労よ、
おまへはたっしゃで早起きで、
たっしゃで早起でお人よし。
そしておまへには
いろがあるそな、その恋やつれ、
なんとおまへの御苦労よ ――

◇

なんと美しいおまへのイデアよ、
おまへに魅入った可愛いエロースよ、
どうでもおまへはこがれ死 ――

◇

だがなんと幸福な事だ、
わしは、よいものをことづかった、
おまへのいろからたのまれて、
薔薇でかざった十字架をことづかった ――

◇

荊の冠をとるひまもなく、
その十字架を抱擁し
その薔薇に接吻するであらう、
おまへは ――

◇

黎明に鐘がなる
追放されたるイブとアダムは、
悲嘆と当惑の頭をあげる、
そこから親鸞が同行し
ルシファーの蛇が案内する、
地獄のかなた、人間の浄土よ ――

◇

鐘の音は、
人間の魂に反響しまたこだまして
ライジングゼエレネーションを奏曲するよ
見給へ、はるかなるかなたより、
よき日の先駆は、
しらしらとして歩みよる ――
～～～～～～～～～～～～～～

よき日の為めに

水平社創立趣意書

芽から花を出し
大空から
日輪を出す
歓喜よ

わしはルシファー!
お前達の幸福を望み、お前達の苦痛を悩むところの光を齎すものだ、太陽の回帰を告げる暁の新しい星を御覧!あれがわしの星で、あの上に「真理」の光を反射する鏡が懸つてゐる。

吾人の記憶す可き事は文明（封建的階級制）は労働者（吾々）を駆つて、吾等かくの如く貧弱にして且つ悲惨なる存在に到らしめたが為めに彼等は殆んど今日持続する《ママ》のより更によき生活を考慮する事が出来ないと云ふ事である。（ウイリアム、モリス）

(一) 解放の原則

『特殊部落の人々は明治四年の解放令に依りて解放された彼等は平民の籍に入つた然しながら凝結した歴史的伝統は一片の法令を以てよく破壊し得るものでない徳川政府が強ひた厳格な階級政策の効果は今も残る特殊部落民賤視の観念は批評的精神を欠く人々の間に今も根強く残り恐しき拘束力を発揮しつつあるこの空虚な社会的規範は現実に於ても其例証の遑ないほどに彼等の有らゆる経済的活動社会的向上知識の獲得を妨げつつあるのである。

是に対して政府や慈善家が種々の解放案を提供し、且つ実行を試みた、然し徹底的の効果は未だ見ることを得ない、衛生組合や青年会や処女会の設定はは《ママ》其れ自身に於て決して悪くないが枝葉であると言はれないことも無からう、私は種々の解放案が普通民本位若くは支配者本位の気分を脱しない限りその努力の効果の少いことを信ずる。

特殊部落民の解放の第一原則は特殊部落民自身が先づ不当なる社会的地位の廃止を要求することより始まらねばならぬ、歴史的に見れば賤民と呼ばれた社会群がよく其地位を向上し得たのは自ら其社会的地位を認識し力ある集団運動を試みた結果に外ならない、其最も顕著な例を成すものは、平安朝末期より興起した武士階級である、彼等は家人と呼ばれた賤民の地位より漸次に当時の支配者階級たる貴族を斃して、是に代つたのである、智識と勇気と熱情とを有する部落出身の少壮者が中心となり集団を作り、諸種の運動に従つたならば其効果は重大であらう、特殊部落賤視の感情が如何に無意義な歴史的伝統であるかは曩に屢々述べた如くである、此伝統的観念を破壊するには自ら集団的見解を発表し且つ要求するところが無ければならぬ。

第二には現在に於て苦しむものが資本主義の鞭に悩む労働者階級ばかりでないと、共に特殊部落の人々ばかりでも無いことがよく徹底せられねばならぬことである、その地位を社会的に考察すれば両者は共に経済的弱者であり、被搾取者である、搾取者なく迫害者なき善き社会を作る為めに両者は親密なる結合と連帯的運動を為す必要があらう。

所詮特殊部落民の徹底的解放は社会改造の重大なる要素である社会改造の大業は単に「プロレタリヤ」階級の解放を以て終るべきでない、そは《（ママ）》必ず有らゆる苦める人々を包含せねばならぬ、尊き自由は悩める人の全部が獲得せねばならない、特殊部落の人々が一千年来担うてきた迫害を思へば涙と怒りと恥とを感ぜざるを得ぬ、而も特殊部落賤視の感情は全く空虚な歴史的伝統に過ぎぬ思慮ある普通民は既に此伝統的観念を脱し得た私は特殊部落の人々の自立的運動と他の苦める人々との結合と其の上に築かる丶社会改造の大理想の上に始めて此の薄倖なる社会群の徹底的に解放せらる丶「善き日」を想像し得るのである。

佐野学

（二）

吾々は有らゆる思想を、それが生命の思想であつて死の思想でない限り、其れが人間の活動力を増すものである限り吾々はそれを歓迎する。吾々は其等の思想のいづれをも、斥けんとするものでなく、却つて其等の思想を相結合せしめ相融合せしめんとするものである。今日の芸術は乱脈極まつたものである。其処には何等の秩序もなく、何等の連絡もない。生命が一方にあるかと思へば、理智が他の一方にある。

此処には詩があるかと思へば、彼処には常識がある。そして何物も生きてゐない。いづれも皆な、空しく光明に憧憬れてゐる、妙な姿の怪物である。吾々は吾々の力を協同一致させなければならない。そして芸術と人心との力に統一をつくることに働かなければならない。そしてあらゆる人々を民衆劇に呼び集めなければならない。

そして各人が何等自己を犠牲にする事なくして、其処に其人格を、たとへば或る人は其の実行力を、その精力を、その意志を、又或る人はその理智を、その趣味を、其繊細な、感覚をそこに齎して欲しい。そして又、斯くして一つの友愛的情緒となつて融合した皆んなの心によつて、お互にその心を益々美はしくして行くようにしたい民衆芸術に就いての此堅い信仰を持つた吾々は、ヨーロッパの各地に散らばつてゐる数多くの努力を結合させて茲に民衆劇の建設を企てたいと思ふ………。

私共は此の民衆劇国際大会の開催を促す廻状草案を借りて、その民衆芸術をよき日にヨーロッパの各地を吾国の各地に民衆劇を水平社に取換へて貴意を得たいのであります。私共は私共の力を協同一致させねばなりません、そしてよき日と人心との力に統一をつくる事に働かねばなりません、あらゆる人々を水平社に呼び集めねばなりません。そこで水平社についての問合。によつてその準備にかゝり度いと思ひます。私共は有らゆる有志者に宛てゝ水平社に就いての一切の道信を乞ひます。私共は早く祭壇を造りたい。そして集つた多くの同行連の有難い姿を拝む事によつて、もつと勇しい、もつと美しいものを獲得したいものです。

私共は、此意見の交換から一切の準備の出来た水平社の事業が生れるとは思ひません、私共はたゞ此事業が生れ出るのに、必須の有形無形の条件を準備して此事業に道を拓く事に努めるのです。猶私共は、私共の会合によつて、よき日を信ずる総ての人々の間に永続的の合意を結びたい、そして此結合から、全国内の協力になる水平社の組織の草案と、更にその運動を生み出させ度いのです。私共は、吾々は、疲れ果てた時代の薄い、そして細い反映である、憂鬱な人間の様に。何事も云はれて了つた後だ、吾々はあまりに遅く生れて来た。等とは云はない、何事もまだ新しい社会のために云はれてはゐない。何事も今から云はなければならないのだ。さあ！皆んな仕事にとりかゝらう！といふロマン・ロオランの様な意気込みで、この運動を起さねばならぬと思ひます。私共は諦めの運命より闘争の運命を自覚せねばなりません。実に何事も今から云はねばならないのです。お互によき日の仕事にとりかゝりませう。

私共は、もつと自由と愛と快活なるよき日の荘厳を信じなければなりません、よき日の為めに水平社を創立しましやう。そしてそこへ集つて見れば、自然に私共の行くべき道は明らかになるでせう。既に耶蘇が云つてゐます、何を云はうかと心配するな――　何を云はうかと心配するなその時になれば、神は何を我々が云ふ可きかを知らして呉れる――

㈢　吾等の中より

人間は元来勦はる可きものじやなく尊敬す可きもんだ――哀れつぽい事を云つて人間を安つぽくしちやいけねえ。尊敬せにやならん、何うだ男爵！人間の為めに一杯飲まうじやねえか――ドン底のサチン

吾々も、すばらしい人間である事を、よろこばねばならない。

吾々は、即ち因襲的階級制の受難者は、今までのやうに、尊敬す可き人間を、安つぽくする様な事をしてはいけない、いたづらに社会に向つて呟く事を止めて、吾々の解放は、吾々自身の行動である事に気付かねばならない。吾々は世間の所謂同情家の――同情はする、しかし汝の僻みと不衛生な生活から脱けて来い――と云ふ如き遁辞には耳を借すものではない。それは、プロキユストの鉄の寝床だ、旅人の体が、そのベツドより短い時は、ひきのばす、長過ぎた時は切りとつてしまふのだ、彼は到底助けるものではない、又彼等のあるものは、日本のネヅダーノフだ、おせつかいな、お目出度い、ロマンチツク・リアリストだ、そんなものに、いつまでも、対手になつて居ては、いけない。吾等の中へ――と云ふのを、吾等の中より――と改めねばならぬ。

吾等の中より――よき日の殉教者よ出でよ。

運命

吾々は運命を呟く事は要らない、運命は吾々に努力を惜ませるものではない、成就しなければならない大きな任務をもつた今日の如き時代は、幸福である、斯くて、光栄の疲労の重さの下に倒れる人は幸福である、かくて倒れる方が空虚な倦厭の中に倒れたり、他人の為た仕事を悲しげに見まもつたりするよりは、よいではないか。

諦めの運命より闘争の運命を自覚せよ。

あらゆる苦難のある闘争の方が所謂美しい死よりもよいではないか、それに吾々が何等溌溂な自発的社会運動を起し得ないのは、社会生活に無感覚である為か。無感覚は死の仮面だ、それなれば、一切黙つてゐるがい丶、ゴーリキイがいつてゐる――呟いたり不平を云つたりして、それが何になる、破れるまで、仆れるまで、生きて生きて生き続けよ、そして既に破れてゐるのならば、黙つて死を待つてゐろ、全世界の智識は只之れ丈だ、解つたかね。

吾々の運命は生きねばならぬ運命だ、親鸞の弟子なる宗教家?によつて誤られたる運命の凝視、あるひは諦観は、吾々親鸞の同行によつて正されねばならない、即ち、それは吾々が悲嘆と苦悩に疲れ果て、茫然してゐる事ではなく——終りまで待つものは救はるべし——と云つたナザレのイエスの心もちに生きる事だ、そしてそれは吾々に開かれるまで叩かねばならぬ事を覚悟させるものだ。

　叩かずして開かれる時を待つものは、やがて歩まずして入る時を待つものだ、虫の好い男よ！永遠に冷たき門に立て。

無碍道

　吾々はゴルゴンに呪はれてゐたのだ、そして眼を閉じる事によつてのみ生きて来たのだ、吾々は、耳を塞いで鈴を盗む者を笑へなかつた、しかし今時そんな事は、はやらない、土龍の勝利や蝙蝠の光栄は見たくもない。

　吾々の見たいのは、永遠の昨日から亡霊の様に浮き上つた今日の姿ではなく、しつかりと昨日を踏みしめて永遠の明日へ突進する勇しい今日の姿であるのだ、吾々は既に過去の穿鑿に倦きた、為たいのは未来の穿鑿だ。

　前の方のみ見るがよい、全てのものは過ぎ去るのだ構ふものか恐れずに生きよ肝心なものはあつたところのものでなく、あらうところのものだ——ロマン・ロオラン

　吾々は大胆に前を見る、そこにはもうゴルゴンの影もない、火と水の二河のむこうによき日が照りかゞ(ママ)やいている、そしてそこへ吾等の足下から素張らしい道が通じてゐる。

　火水を恐れぬ堅固なる信者よ、無碍の一道だ。

　勇往邁進、寧ろ無謀に戦ふもの、光栄を讃美せんかな、男敢(ママ)なる狂暴よ——是れ真に智者の生活なり

——ゴーリキイ

　吾等の前に無碍道がある。

夜明け

　彼のダヴィドの共和祭典案に、行列の最後に、軍隊が百合の花を撒いた毛氈で蔽ひ王や貴族のいろ〳〵な記章を載せて、そして——平民よ、常に人類

社会に不幸を齎らしたものは、是れである——と記した車を挽いて行くのがある、然し吾々が——受難者よ、常に人類社会に不幸を齎したものは是れである——と記した車を挽いて歓喜する日、それは何時だ。

それは近い、それは遠いその論議は無用である、それを決定するものは、唯、吾々の戦闘の意気と、実行の哲学だ。

起きて見ろ——夜明けだ。

吾々は長い夜の憤怒と悲嘆と怨恨と呪咀とやがて茫然の悪夢を拂ひのけて新しい血に甦へらねばならぬ。

今インフエルノからパラヂンへの浄めの阪を上るのだ。

今よもつ比良阪を駈せのぼるのだ。

全国内の因襲的階級制の受難者よ。

寄つて来い——夜明けの洗礼を受けるのだよき日の晨朝礼讃を勤行するのだ。

起きて見ろ——夜明けだ。

大正十一年一月二十五日印刷
大正十一年二月五日発行
奈良県南葛城郡掖上村大字柏原二三六
編輯兼発行印刷人　水平社創立発起者
奈良県南葛城郡掖上村大字柏原二三六
発行所　水平社創立事務所
京都市丸太町川端東北入
印刷所　同朋舎

私共は彼のレブエラースから思ひ付いた様な名の此の結社を利己的人種平等案のカリケチユアであり階級闘争中の悲喜劇である、この仕事をポンチのドン気だと笑の中の葬られはせぬかを気遣ひます、私共は、只斯くの如き事を敢へてする心に共鳴して頂きたひ、私共は、この際に貴方の御協力を希望いたします。創立会は、来春京都市（期日及会場追而通知）

で開きたひと思つてゐます。

水平社創立発起者
奈良県南葛城郡柏原
殿

吾等はは《（ママ）》唯、無意識に社会進化の必然に押し流されてゐた吾等の或者は只漠然と今日の境遇が何とか変らねばならぬ――そして変るだらうといふ予感をもつてゐた、しかし、それが、どうして変わるのか、またどう変へねばならぬかゞ、わからなかつた、よし幾らか、それがあつても、少くとも自分から新境遇を来らせるために、闘はうとはせなかつた。

京都へ！　京都へ!!

特殊部落民解放の自発的集団運動を起せ！
京都市公会堂における水平社創立大会に参加《（ママ）》せよ！
全同胞の問題としての大阪の公開的差別撤痜大会に対して、京都のは寧ろ私共——一部少数民——の問題としての集団的見解を発表し且つ要求しやうとする相談会です。そして、それを大阪では差別撤痜を叫びながら、京都では自ら差別する如きものを——と云ふ人があるならば、却つてその人こそ根強く因襲にとらはれた人と云はねばなりません。大阪での様な会を催す必要のある間は、京都での様な会合を催す必要があるのです。それを吾々は、吾々だけが集る事をさへ差別撤痜と予盾しは為ないか等と、案じてゐるやうでは到底真の解放はのぞまれません。
社会一般としてもそうです、真に差別撤痜を期するなれば、一片の法令が、直ちによく、一千年来の因習を打破し得たかの如く考へる様に、何んでも兎に角両方から一つになればよい、その他の、如何にしてほんとに一つにならうか？に付いての会合なんか有害無用だといふやうな考へ——万一にもそう思はれる人はキット過去半世紀の事実のまへに眼を瞑つてゐた人に相違ない——を全然取り除けて下さい、
そして、いかにも彼等——即ち吾々の社会群——が集合する事は当然であると思はれた時、そこからも、差別の氷を溶かす暖かさが流れるでせう
皆んなしてもつと暖い人の世をつくり度いものです。
京都へも御集り下さい
水　平　社

（著者注＝一九二二年二月二一日、大日本平等会の大日本同胞差別撤廃大会で撒かれたビラ）

荊の冠り

西光万吉

神《かみ》に似《よ》てつくられた人間《にんげん》は流石《さすが》に裁くことが好《す》きである。特《とく》に罰《ばつ》することが好《す》きである。そしてその罪名《ざいめい》をつけることは神聖《しんせい》なる人間《にんげん》の仕事《しごと》である。吾々《われ〳〵》か(ママ)天平期《てんぺいき》に布《し》かれたる——馬牛《うまうし》は人《ひと》に代《かは》りて勤《きん》労《らう》するもの先代己《せんだいすで》に明制《めいせい》ありて屠殺《とさつ》することをゆるさず、今聞《いまき》く百姓《せう》なほ屠殺《とさつ》するものありと若《も》し犯《をか》すものあらば杖《つゑ》一百——の刑罰《けいばつ》から如何《いか》にして現在《げんざい》の如《ごと》く社会的迷信《しやかいてきめいしん》の荊《いばら》を冠《かん》せられ、経済的労苦《けいざいてきろうく》の十字《じ》架《か》を背負《せおは》されて、人生《じんせい》のドン底《そこ》へまで馳《か》りたてられたかを考《かんが》へるとき、吾等《われら》に対《たい》する賤視《せんし》の観念《かんねん》が宗教《しうけう》的感情《てきかんぜう》よりの発生《はつせい》とするも、それの発達《はつたつ》は支配者《しはいしや》が他《た》を反宗教的労働《はんしうけうてきらうどう》に就《づ》かしめて自己《じこ》の宗教的感情《しうけうてきかんぜう》を高調《かうしう》することによつて、やがては自己《じこ》の優越感《ゆうえつかん》を確《かく》実《じつ》するに到《いた》るとゝもに、正直《せうぢき》で無智《むち》な民衆《みんしう》の宗教的《しうけうてき》感情《かんぜう》を自己《じこ》の神話《しんわ》へ誘惑《ゆうわく》することは彼等支配者《かれらしはいしや》にとつて為《な》す可《べ》き必須《ひつす》の一条件《でうけん》であることを知《し》る。この他《ほか》に自己《じこ》の厭避《えんび》する特殊労働《とくしゆらうどう》を強制《けうせい》する優越権《ゆうえつけん》は彼《かれ》等《ら》の毎《つね》に重視《ぢうし》する威厳《ゐげん》であつて、この威厳《ゐげん》が立派《りつぱ》なる社会道徳《しやかいだうとく》をつくる故《ゆゑ》に『敢《あえ》て』その業《げふ》に就《つ》かねばならぬものは慥《たしか》に『賤民《せんみん》でなければならぬ』事《こと》になるのである。かくてエタの罪名《ざいめい》は神聖《しんせい》と清浄《せいぜう》を奪《うば》はれた者《もの》が当然《たうぜん》の罰《ばつ》としてうける可《べ》きものであつたかくて吾等《われら》の上《うへ》に荊《いばら》が冠《かん》せられる。これの時代区画《じだいくかく》は大体《だいたい》に於《おい》て宗教的《しうけうてき》で生業《せいげふ》が賤視《せんし》された前期《ぜんき》と、政治《せいぢ》的《てき》で人間《にんげん》が賤視《せんし》された中期《ちうき》と、信仰《しんこう》と法制《ほふせい》の力《ちから》を乖《はな》れたる完全《かんぜん》な社会的迷信《しやかいてきめいしん》として賤視観念《せんしかんねん》の爛熟《らんじゆく》せる後期《こうき》との三期《き》として、これの第《だい》一の画線《かくせん》は戦国時代《せんごくじだい》であり、第《だい》二の画線《かくせん》は明治《めいぢ》四年《ねん》である。かくの如《ごと》く生業《せいけふ》によつて人間《にんげん》が侮《あなど》られ、人間《にんげん》によつて生業《せいけふ》が卑《いやし》まれるにいたつたについては、ともに支配者《しはいしや》の神聖《しんせい》のしからしめるところである。この多数《たすう》の人間《にんげん》を屠《ほふ》ることの神聖《しんせい》にして牛馬《ぎうば》を屠《ほふ》ることの如何《いか》に卑賤《ひせん》であるかを証明《しようめい》する迷信《めいしん》は、支配者《しはいしや》の優越感《ゆうえつかん》に迎合《げいごう》せんとする魔術者共《まじゅつしども》の呪文《じゅもん》によつて要領《ようれう》よく人々《ひと〴〵》に吹《ふ》きこまれたものである。しかしながら此呪文《このじゅもん》も時《とき》にはその魔力《まりよく》を失《うしな》ふ事《こと》があつて呪縛《じゅばく》せられたる人々《ひと〴〵》はこゝに解放《かいはう》の機《とき》を得《う》る、吾々《われ〳〵》の第《だい》一画線期《かんせんき》もまさしくこれであつて魔術者共《まじゅつしども》は文明《ぶんめい》二年《ねん》の奈良大乗院日記《ならだいぜうゐんにっき》に——近日《きんじつ》は土民《どみん(ママ)》待の階級《かいきう》を見《み》ざる時《とき》なり非人《ひにん》三党《たう》の輩《やから》たりと雖《いへど》も守護国司《しゅごこくし》の望《のぞみ(ママ)》みをなすべく左右《さいう》する能《あた》はざるなり——とその呪縛《じゅばく》の無力《むりよく》を嘆《たん》じてゐる。この現実的《げんじつてき》な自由思想《じいうしさう》の狂騰《けうどう》せる時代《じだい》になほ吾々《われ〳〵》が社会的《しやかいてき》に賤視圧迫《せんしあつぱく》されたとはおもへないたとへその観念《かんねん》が凡下《ぼんか》に下《くだ》されたる然《しか》る可《べ》き種姓《しゅせう》の心理《しんり》に潜伏《せんぷく》逼息《ひつそく》してゐたとは云《い》へ、それはきはめて無力《むりよく》なものであつたに相違《さうゐ》ないのである。然《しか》し乍《なが》らこの所謂《いはゆる》暗《あん》黒時代《こくじだい》も吾等《われら》の『よき日《ひ》』を待《ま》たずして破《やぶ》れ再《ふたゝ》び民《みん》衆《しう》の暗黒時代《あんこくじだい》が来《く》る。歴史家《れきしか》は豪華燦爛《ごうくわさんらん》たる桃山《もゝやま》の世相《せさう》を謳《うた》ふしかもそれは吾等《われら》にとつて——土民《どみん》　侍《ざむらひ》の階級《かいきふ》を見《み》ざる——日《ひ》の夕陽《せきよう》であつた。やがて心《こゝろ》もとない薄暮《はくぼ》が迫《せま》る。徳川《とくがは》の政策《せいさく》は民衆《みんしう》の上《うへ》に次第《しだい》に闇《やみ》を深《ふか》ふする。東照権現《とうしようごんげん》の神通力《じんつうりき》は恐《おそろ》しき拘束　力《かうそくりよく》をもつて民衆《みんしう》を各《かく》その適当《てきたう》の地位《ちい》に緊縛《いばく》した。この厳《おごそ》かな階級制《かいきふせい》は正直者《せうぢきもの》の農民《のうみん》をして上品《ぜうひん》に置《お》かれたる天下《てんか》のお百姓《せう》の名誉《めいよ》にかけて牛馬《ぎうば》の如《ごと》く勤勉《きんべん》せしめるに充分《じうぶん》であつた。然《しか》し乍《なが》らかつて土民《どみん》一揆《き》の標《へう》的《てき》であつた土倉《どぐら》の倅《せがれ》や孫共《まごども》は農民《のうみん》の魔睡《ますい》せられるに乗《ぜう》じて黄金萬能《おうごんばんのう》の贅《ぜい》六の宣言《せんぜん》を発《はつ》して武士対町人《ぶしたいてうにん》の社会戦《しやかいせん》を開始《かいし》する。最下《さいか》の品《ひん》とせられ素町人《すてうにん》の呼《よ》びすてられたとはいへ貨幣経済《くわへいけいざい》の発達《はつたつ》とゝもに次第《しだい》にその潜勢力《せんせいりよく》を旺《さか》んにし竟《つひ》に武士《ぶし》をしてこれに対抗《たいこう》す可《べ》くゴマの如《ごと》く農民《のうみん》を搾《しぼ》るの餘儀《よぎ》なきにまで到《いた》らしめた。かくてその末期《まつき》に於《おい》ては強度《けうど》の搾取《さくしゅ》に堪《た》えかねたる農民《のうみん》の一揆《き》暴動《ぼうどう》は頻々《ひん〳〵》として起《おこ》り、これに対《たい》する無法《むほう》なる鎮圧令《ちんあつれい》は雨下《うか》し交互作用《かうごさよう》して長期間《てうきかん》の憂鬱《ゆううつ》なる消極的政治《せうきよくてきせいぢ》に倦厭《けんえん》せる人心《じんしん》には革命酵母《かくめいかうば》が旺《さか》んに醸《かも》されつゝあるなかに、吾等《われら》に対《たい》する冷酷《れいこく》なる虐待令《ぎやくたいれい》が、その社会生活《しやかいせいかつ》に萎痺《ゐび》し行《ゆ》く神話《しんわ》を復活《ふつかつ》せんとする回生剤《かいせいざい》として烈《はげ》しく試《こゝろ》みられたのであつた。しかも亡《ほろ》びる者《もの》は竟《つひ》に亡《ほろ》びたが余《あま》りに激《はげ》しきこのカンフル注射《ちうしや》の効力《かうりよく》はその孫子《まごこ》にまで及《およ》んで中毒《ちうどく》作用《さよう》をなして今《いま》なほ吾等《われら》の上《うへ》には依然《いぜん》として荊冠《けいかん》は荊々《とげ》しく剰《あまつさ》へ近代産業《きんだいさんげふ》組織《そしき》による経済的労苦《けいざいてきらうく》の十字架《じか》さへ負《お》はされてゐる。しかも今《いま》やこの荊冠《けいかん》に光《ひかり》あらしめる時《とき》が来《き》た。この十字架《じか》を負《お》ふ者《もの》の祝福《しゆくふく》される時《とき》が来《き》た。吾等《われら》の手《て》にはかつては吾等《われら》を石《いし》にしたメッサの正体《せうたい》を映《うつ》し出《い》だす鏡《かゞみ》がかざされた。吾等《われら》の上《うへ》には人間《にんげん》に反逆《はんぎやく》を教《をし》へたルシファーの星《ほし》が光《ひか》つてゐる。それは『よき日《ひ》』の黎明《れいめい》の星《ほし》である。虐《しひた》げられたる民衆《みんしう》の上《うへ》に照《て》り輝《かゞや》く太陽《たいよう》の回帰《かいき》を告《つ》げる星《ほし》である。やがて神《かみ》はそれに属《ぞく》する一切《さい》とともにこの地《ち》上《ぜう》より消《き》えねばならぬ。人間《にんげん》を裁《さば》き人間《にんげん》を罰《ばつ》する者《もの》は人間《にんげん》の世界《せかい》より消《き》えねばならぬ。

人間は尊敬す可きものだ

＝表現六月号の部落問題を読んで＝

西光万吉

　小学校《せうがくこう》で子供《こども》が先生《せんせい》に訴《うつた》へてゐる『皆《みな》が私《わたし》を新平《しんへい》民《みん》だと云《い》つて、いつしよに遊《あそ》んでくれません』すると先生《せんせい》が云《い》つて聞《き》かせる『おまへさへ新平民《しんへいみん》でなければよいのだ、そんな子供《こども》に遊《あそ》んでもらふな』町《まち》で若者《わかもの》が巡査《じゆんさ》に訴《うつた》へてゐる『あのお湯屋《ゆや》はどうしても私《わたし》をいれてくれません』すると巡査《じゆんさ》が云《い》つて聞《き》かせる『そんな嫌《きら》はれる様《やう》なお湯屋《ゆや》へは行《い》くな』ところが、こゝに傷害罪《せうがいざい》で監獄《かんごく》へいつた男《おとこ》と家宅侵入罪《かたくしんにふざい》で監獄《かんごく》へいつた男《おとこ》とがゐる。前者《ぜんしや》は学校《がくこう》の問題《もんだい》、後者《こうしや》は湯《ゆ》屋《や》の事件《じけん》、世間《せけん》ではこの二人《ふたり》の乱暴《らんぼう》な馬鹿共《ばかども》を嘲笑《てうせう》したり憤慨《ふんがい》したりする。無抵抗《むていこう》を非暴力《ひぼうりよく》だと心得《こゝろえ》てゐる人々《ひと〴〵》によつて、吾等《われら》はこうしてより侮蔑《ぶべつ》し賤視《せんし》せられねばならぬ。

紳士《しんし》、淑女《しゆくぢよ》及《およ》び良民方《れうみんがた》、私共《わたしとも》はあなた方《がた》の様《やう》な、すなほな魂《たましひ》をもつて居《を》りません。あなた方《がた》は他人《たにん》をこんな勦《いたは》ります。私共《わたしとも》のこの傷《きず》ついた魂《たましひ》をみなさい、このひがんだ感情《かんじやう》をみなさい。この血《ち》みどろの踏《ふ》みつけられた『人間《にんげん》』をみなさい。社会改良家《しやくわいかいれうか》よ、水《すい》平運動《へいうんどう》をさして自《みづか》らみぞを掘《ほ》りかきを高《たか》ふするの愚《ぐ》をなすものと嗤《わら》ひますが。それなればあなたは余《あま》りに社会《しやくわい》を見《み》すぎたために『人間《にんげん》』を見《み》ることを忘《わす》れてしまつたのではありませんか。社会《しやくわい》を改良《かいれう》?することによつて人間《にんげん》を冒瀆《ばうとく》することを少《すこ》しも苦《く》にせない程《ほど》、太《ふと》つ腹《はら》な人《ひと》だ『待《ま》て』とあなたは云《い》ひますか、そして『併《しか》しお前《まへ》は人間《にんげん》を余《あま》りに買被《かひかむり(ママ)》り過《す》ぎたのだ。何故《なぜ》と云《い》ふに、彼等《かれら》は暴徒《ばうと》として創《つく》られてゐるが矢張《やは》り奴隷《どれい》に相違《さうゐ》ないからな……わしが誓《ちか》つておくが、人間《にんげん》はおまへの考《かんが》へたよりも遥《はるか》に弱《よわ》く卑劣《ひれつ》につくられてゐる……あれ程人間《ほどにんげん》を尊敬《そんけい》したために、却《かへ》つておまへの行為《かうゐ》は彼等《かれら》に同情《どうじやう》のない様《やう》なものになつてしまつた。その訳《わけ》はお前《まへ》が余《あま》りに多《おほ》くの物《もの》を彼等《かれら》に要求《えうきう》したからである。これが人間《にんげん》を自分自身《じぶんじしん》よりも余計《よけい》に愛《あい》したお前《まえ》のなす可《べ》き事《こと》と言《い》われ様《やう》か、もしお前《まへ》があれ程《ほど》彼等《かれら》を尊敬《そんけい》しなかつたらあれ程多《ほどおほ》くの物《もの》を要求《えうきう》しなかつたらう。そして此《こ》の方《はう》が愛《あい》に近《ちか》かつたに相違《さうゐ》ない。つまり彼等《かれら》の負担《ふたん》が軽《かる》くなるからだ』と云《い》ひますか、そしてあなたが私共《わたしとも》の負担《ふたん》を負《お》ふて下《くだ》さる『吾々《われ〳〵》社会改良家《しやくわいかいれうか》が卒先《そつせん》してこの問《もん》題《だい》の解決《かいけつ》にあたらねばならぬ』と私共《わたしども》のために十字《じ》架《か》を背負《せお》ふて下《くだ》さる、勿論《もちろん》それはキリストのそれとは似《に》てもつかぬ他人《たにん》の『人間《にんげん》』の負担《ふたん》である。

社会改良家《しやくわいかいれうか》のイヴン、フヨードロヰツチ、あなたの気心《きごゝろ》はわかつてゐる。それはこうだ『人間《にんげん》と云《い》ふ奴《やつ》は意気地《いきぢ》がなくて下劣《げれつ》だからなあ』でなければ恐《おそ》らくあなたの様《やう》に他人《たにん》の人間《にんげん》を負担《ふたん》し得《う》るものではないが、そこで、吾等特種部落民《われらとくしゆぶらくみん》の解放運動《かいはううんどう》である吾等《われら》の水平運動《すいへいうんどう》を非難《ひなん》し嘲笑《てうせう》する。意気地《いきぢ》なしで下劣《げれつ》の寄合《よりあ》ひが俺《おれ》の人間《にんげん》を返《かへ》せ「『尊敬《そんけい》すべき人間《にんげん》』とわめく、それはあなたにとつて嘲笑《てうせう》に値《あたひ》する、しかし吾等《われら》のドン底《ぞこ》の夜《よる》の宿《やど》では、それはかならず忘《わす》れてはならぬ言葉《ことば》です『人間《にんげん》は元来勦《ぐわんらいいたは》るべきものではなくて尊敬《そんけい》すべきものだ、何《ど》うだ、男爵《だんしやく》、人間《にんげん》のために一杯《ぱい》のまないか』飲《の》め、飲《の》め！サチンの周囲《まはり》へ今皆《いまみ》んながあつまつて、すばらしい人間《にんげん》の相《すがた》をながめながら、泣《な》いたり笑《わら》つたり喚《わめ》いたりしてゐる。あなたの様《やう》なたゞしい感情《かんじやう》の人《ひと》にはこれはまことに嗤《わら》ふ可《べ》き又非難《またひなん》す可《べ》き狂人《きちがひ》じみた光景《くわうけい》である。しかし私《わたし》にとつては、何《ど》うしてこれをしづかに、のんきに笑《わら》つて傍観《ぼうくわん》しで居《を》られよう、他人《たにん》の人間《にんげん》の負担者《ふたんしや》よ、人間《にんげん》は元来勦《ぐわんらいいたは》るべきものではなくて尊敬《そんけい》すべきものだ。いまゝでに誰《だ》れか一人吾等《ひとりわれら》の前《まへ》に立《た》つて、吾々《われ〳〵》は譲歩《じやうほ》する事《こと》によつて『君等《きみら》に行《ゆ》かう』とするのではない。君等《きみら》のために人心《じんしん》の光《ひかり》を示《しめ》すのではなくて人心《じんしん》の光《ひかり》のために君等《きみら》を呼ぶ《（ママ）》である、と手《て》を広《ひろ》げたものがあつたか――。

『いや、私《わたし》は君等《きみら》の人間《にんげん》を負担《ふたん》しない、しかし』と貴方《あなた》は云《い》はれる『君等《きみら》は差別撤廃《さべつてつぱい》を叫《さけ》むで自《みづか》ら差別《さべつ》意識《いしき》に囚《とら》はれ、又《また》は拘泥《こうでい》してゐる。その結果《けつくわ》は痛《いた》ましくも君等《きみら》の目的《もくてき》と背反《はいはん》した事実《じじつ》となつて発現《はつげん》してゐる無差別《むさべつ》の社会《しやくわい》は差別意識《さべついしき》を棄《す》てた時《とき》のみ起《おこ》る、私《わたし》は不幸《ふかう》にも悪《あく》の手段《しゆだん》を以《もつ》て善《ぜん》の目的《もくてき》を実現《じつげん》し得《う》ることを信《しん》じ得《え》ない一人《にん》だ』しかし私《わたし》は不幸《ふかう》にして酒《さけ》の二日酔《かよひ》を酒《さけ》で治《なほ》すことの体験者《たいけんしや》である。毒《どく》を制《せい》するための毒《どく》は、はたして善《ぜん》の目的《もくてき》のための悪《あく》の手段《しゆだん》と云《い》ひ得《う》るであらうか、そう云《い》ふ人《ひと》こそ毒《どく》あるひは差別《さべつ》、階級《かいきふ》と云《い》ふ文字《もんじ》に囚《とら》はれ又《また》は拘泥《こうでい》して痛《いた》ましくも目的《もくてき》と背反《はいはん》した事実《じじつ》の発現《はつげん》を見《み》るべきではあるまいか。狂人《きやうじん》から刃物《はもの》を奪《うば》ふ事《こと》さへ暴力《ぼうりよく》として否定《ひてい》する程《ほど》、のんきな理窟屋《りくつや》ではあるまいか、しかも吾《われ》等《ら》は奪《うば》はねば殺《ころ》される狂人《きやうじん》の白刃《はくじん》のもとに引据《ひきす》えられてゐる。

吾等《われら》が先《ま》づ、卑下《ひげ》と賤視《せんし》の感情《かんじやう》が相互作用《さうごさよう》していく多《た》の悲惨事《ひさんじ》を現実《げんじつ》する不合理《ふごふり》なる差別相《さべつさう》をかたづくることを思《おも》ふ時《とき》、たゞちに従来《じうらい》の恩恵的同情《おんけいてきどうじやう》、差《さ》別的改善《べつてきかいぜん》、収奪的融和《しうだつてきゆうわ》によつて、これを解決《かいけつ》せんとせる人達《ひとたち》のあまりの気《き》の好《よ》さに忌々《いまく》しくなる。そこで卑下《ひげ》と屈辱《くつじよく》の体験者《たいけんしや》であり、そうした他人《たにん》の心理《しんり》を可《か》なり充分《じうぶん》に理解《りかい》し得《う》る吾等《われら》は、いまなほ祖先《そせん》の迷誉《めいよ》?を洗《あら》ひたてることによつて現在《げんざい》の不迷誉《ふめいよ》?の修繕《しうぜん》を企《くわだ》てたり、メヅサーのまへにいつまでも眼《め》を閉《と》じようとしたり、耳《み》を塞《ふさ》いで鈴《すゞ》を盗《ぬす》む事《こと》をたくらむところの、いくたの悲喜劇《ひきげき》を見《み》る時《とき》に当然吾等《たうぜんわれら》自《じ》身《しん》のなす可《べ》き仕事《しごと》を為《な》さずには居《を》られない。不合理《ふごふり》なる差別《さべつ》を除《のぞ》くための合理的差別運動《ごうりてきさべつうんどう》、吾等《われら》を自《みづか》ら解放《かいほう》せんとする水平運動《すいへいうんどう》を起《おこ》さずにはゐられなかつた。しかもこれに対《たい》する吾等《われら》の多《おほ》くは恰《あたか》もすべてを啓示《けいじ》したゾラの国葬《こくさう》に反対《はんたい》したフランス人《じん》であり、真実《しんじつ》を蔽《おほ》はんとする理想主義《りさうしゆぎ》?の牧師《ぼくし》マンデルスであつた。これは遺憾《ゐかん》なる事実《じじつ》であるとともに水平運《すいへいうん》動《どう》を意義《いぎ》あらしめる所《ところ》のものである。それ程吾等《ほどわれら》は現実《げんじつ》の真相《しんさう》を見《み》ることを恐《おそ》れるまでに勦《いた》はられて来《き》たのだ。

社会《しやくわい》の多数者《たすうしや》は吾等《われら》を救済《きうさい》し同情《どうじやう》することを知《し》つてゐる。しかしながら、人間《にんげん》は尊敬《そんけい》すべきものである事《こと》を知《ち》らぬ以上《いぜう》それには字義通《じぎとほ》りの美《うつく》しさはなくて、その意味《いみ》を自《みづか》ら体験《たいけん》した時《とき》、それは潜越《せんえつ》な情操《じやうさう》であり、専制《せんせい》の行為《かうゐ》であつて、そこにはあくまでも賤視《せんし》の観念《くわんねん》が働《はたら》いてゐるのである。勿論吾等《もちろんをれら》ののぞみがこうした同情《どうじやう》にかゝつてゐるのではなく、人間《にんげん》が人間《にんげん》を尊敬《そんけい》し得《う》る権利《けんり》の主張《しゆちやう》とそれをなすべき義《ぎ》務《む》の遂行《すいこう》にある以上《いじやう》、即《すなは》ちある社会問題《しやくわいもんだい》を取扱《とりあつか》ふ人《ひと》が『水平運動《すいへいうんどう》はあたかも他人《たにん》にむかつてオレに惚《ほ》れよと云《い》ふ様《やう》なものだ』と評《ひやう》されたにも拘《かゝは》らず、吾等《われら》の運動《うんどう》は『あたかもオノレに惚《ほ》れよ』と云《い》ふ如《ごと》きものである。オノレに惚《ほ》れよ吾々《われ〳〵》にとつてこれが如何《いか》に大切《たいせつ》なことであるかを考《かんが》へ得《え》ない人《ひと》には到底此問《とうていこのもん》題《だい》を論《ろん》ずる資格《しかく》は無《な》い。そしてこれの理解《りかい》は先《ま》づ第《だい》一にモリスの言葉《ことば》『吾人《ごじん》の記憶《きおく》すべきことは文明《ぶんめい》は労働者《らうどうしや》を駆《か》つてかくの如《ごと》く悲惨《ひさん》にして、且《か》つ貧弱《ひんじやく》なる存在《そんざい》にいたらしめたがために、彼等《かれら》の多《おほ》くは今日《こんにち》持続《ぢぞく》するものより更《さら》によき生活《せいくわつ》を考慮《かうりよ》する事《こと》が出来《でき》ないと云《い》ふ事《こと》である』と、ともに吾等《われら》の多《おほ》くの感情《かんじやう》が永年《えいねん》の圧迫《あつはく》によつて如何《いか》にへしまげられているかと云《い》ふ事《こと》の記憶《きおく》からはじまらねばならぬへしまげられた感情《かんじやう》、ふみつけられ、きづつけられたこゝろこれを如何《いか》にしてもとのものにたゞしくするか、今《いま》水《すい》平運動《へいうんどう》には烈《はげ》しい鉄鎚《てつつひ》がひゞき、熾《はげ》しい火花《ひばな》が散《ち》る、それは刃《やひば》を打《う》つヴアチカンの仕事場《しごとば》ではない。それはへしまげられ、きづゝけられたものを美《うつく》しいもとの姿《すがた》に打《う》ち直《なを》すそれである。龍魔界《りうまかい》の苦患《くけん》にも似《に》て、自《みづか》らの焔《ほのふ》に焼《や》けつゝ自《みづか》らを打《う》つ形相《ぎようさう》こそ水平運動《すいへいうんどう》の真相《しんさう》であるのだ。

これは当然《たうぜん》『自《みづか》らが自《みづか》らの事《こと》を解決《かいけつ》する主義《しゆぎ》であるが如《ごと》く認《みと》められる』にもかゝはらず、これをもつて直《たゞち》に『対立主義《たいりつしゆぎ》で』あるとするのは一体《たい》どうした皮相見《ひさうけん》であらう。吾等《われら》はまづ吾等《われら》の感情《かんじやう》を繋《つな》ぐ鎖《くさり》を断《た》ち切《き》らねばならぬそしてたとへその一端《たん》がなほ社《しや》会《くわい》の不合理《ふごふり》なる差別者《さべつしや》の手《て》に把《と》られてゐるとしても、彼等《かれら》の感情《かんじやう》がなほ不合理《ふごふり》なる差別観念《さべつくわんねん》に縛《ばく》されているとしても、それをとり去《さ》る事《こと》は吾等《われら》の仕事《しごと》であるよりも侮蔑者《ぶべつしや》の理心《りしん》を吾等以上《われらいじやう》に理解《りかい》せる人達《ひとたち》の仕《し》事《ごと》に属《ぞく》すべきものであらう。感情《かんじやう》の問題《もんだい》である事《こと》を以《もつ》て、毎《つね》に責任《せきにん》ある仕事《しごと》が、そのとぼけた空想的《くうさうてき》な期待《きたい》に反《はん》した時《とき》の唯《ゆい》一の遁辞《とんじ》と心得《こゝろえ》てゐる社会改良《しやくわいかいれう》家《か》よ『習慣及《しふくわんおよ》び伝習《でんしふ》を相手《あひて》に、ヤレ階級《かいきふ》だ、ヤレ対《たい》立《りつ》だと云《い》ふ事《こと》は妥当《だたう》であらうか』等《など》と対立《たいりつ》、階級等《かいきふとう》の概念《がいねん》に拘泥《こうでい》し文字《もんじ》に捉《とら》へられて、他人《たにん》の人間《にんげん》を負《ふ》担《たん》せんとする者《もの》に対《たい》し自《みづか》ら自《みづか》らの人間《にんげん》を負《お》ふ者《もの》なりと宣言《せんげん》せる者《もの》をさして、現在《げんざい》の如《ごと》き不合理《ふごふり》なる対立《たいりつ》と同《どう》一視《し》せんとするはたして妥当《だたう》と云《い》ひ得《う》るであらうか、かくの如《ごと》きは実《じつ》に『或《ある》は形式《けいしき》の末《すゑ》を云々《うん〳〵》して、眞《しん》に血涙《けつるゐ》の滴《したゝ》らんとする同情《どうじやう》を抹殺《まつさつ》せんとする』ものでなければならぬ、この字義《じぎ》通《どほ》りな同情《どうじやう》、これが水平運動《すいへいうんどう》を起《おこ》しこれが水平運動《すいへいうんどう》を肯定《こうてい》する然《しか》るに、もしこれがある人《ひと》にとつて海野先生《うんのせんせい》の所謂《いはい》セツトルメント、ウオークでないなれば、其人《そのひと》こそ飽《あく》までも差別境《さべつぎやう》に根強《ねづよ》く立《た》つている人《ひと》と云《い》はねばならぬ。何《な》故《ぜち》なれば、毎《つね》に水平運動《すいへいうんどう》を非難《ひなん》し嗤《わら》ふ人々《ひと〴〵》は、この差別撤廃《さべつてつぱい》を叫《さけ》ぶ人間《にんげん》の姿《すがた》を執拗《じゆよう》に不合理《ふごうり》なる差別相《さべつさう》の上《うへ》にのみ見《み》て普遍的《ふへんてき》な人間性《にんげんせい》がこの不合理《ふごふり》なる差《さ》別相《べつさう》と死《し》十字《じ》戦《せん》を闘《たゝか》う可《べ》くして起《おこ》つたものである事《こと》を見《み》ないからである。

そして『初《はじ》めより階級的差別《かいきふてきさべつ》なきところに、協調《けうてう》も尚更対立《なほさらたいりつ》もなく、従《したが》つて協調主義乃至対立主義《けうてうしゆぎないしたいりつしゆぎ》はないと主張《しゆちやう》する』人自身《ひとじしん》が、勿論吾等《もちろんわれら》の社会群《しやくわいぐん》を『我々《われ〳〵》の同胞《どうほう》とし骨肉《こつにく》として遇《ぐう》し』て下《くだ》さるにも拘《かゝは》らず『自己文化《じこぶんくわ》の水準《すいじゆん》にまで高《たか》むる事《こと》に依《よ》りて、茲《こゝ》にはじめて彼等《かれら》（即《すなは》ち吾等《われら》）は我々《われ〳〵》（即《すなは》ち貴《あな》た方《かた》）と同《おな》じものになるのである』即《すなは》ち是《これ》を他《た》の問題《もんだい》に云《い》ひ換《か》へると、無産者等《むさんしやら》を励《はげ》まし劬《いた》はり、彼等《かれら》を吾々《われ〳〵》有《いう》産者文化《さんしやぶんくわ》の水準《すいじゆん》にまで高《たか》めることによりて茲《こゝ》に初《はじ》めて、彼等無産者《かれらむさんしや》は吾々有産者《われ〳〵いうさんしや》と同《おな》じものになるのである。だから『初《はじ》めより階級的差別《かいきふてきさべつ》なき』ものと主《しゆ》張《ちやう》せられる所以《ゆゑん》であるらしい。これを要《えう》するに、階《かい》級《きふ》文化《ぶんくわ》はある、しかし階級《かいきふ》はないしかし下級社会群《かきふしやくわいぐん》はある。されば階級《かいきふ》なきところに対立《たいりつ》はなく、下級《かきふ》社会群《しやくわいぐん》あるところに救済《きうさい》がある。

のぞましい『救済《きうさい》は所謂真《いはゆるしん》に血涙《けつるゐ》の滴《したゝ》らむとする同情《どうじやう》』であり、美《うつく》しい相互扶助《さうごふじよ》でなければならぬにも拘《かゝは》らず、吾等《われら》の前《まへ》には幸《さいはひ》にして一人《ひとり》のクロポトキンも立《た》たなかつたが故《ゆゑ》に吾等《われら》はボリシエヰキ（多数《たすう》同胞派《どうほうは》）の誤救済《ごきうさい》にあづからねばならなかつた『彼《かれ》の所謂救済《いはゆるきうさい》の意味《いみ》を自《みづか》ら体験《たいけん》した時《とき》』とメレヂュコーウスキーがウエールス宛《あて》の公開状《こうかいせう》を書《か》いている『私《わたし》は祖国《そこく》を遁《に》げだしてしまつた、そんな恩恵《おんけい》を受《う》けるよりも召《め》しとられて銃殺《じうさつ》に遭《あ》つた方《はう》がい丶と思《おも》つた』。

社会改良家《しやくわいかいれうか》よ、吾等《われら》は今日《こんにち》の社会《しやくわい》の最《もつと》も力《ちから》ある維持者《いぢもの》として貴方《あなた》を尊敬《そんけい》するものです。しかし、もし、あなたがあくまでも差別相《さべつさう》の上《うへ》に立《た》つて恩恵的《おんけいてき》改善《かいぜん》と収奪的融和《しうだつてきゆうわ》を主張《しゆちやう》するトライチケ式《しき》ボリシヱヰキーであるなればその誤同情《ごどうじやう》は相手《あひて》の信玄《しんげん》に塩《しほ》を送《おく》つた謙信《けんしん》のそれとは較《くら》べも出来《でき》ぬとぼけたものです『それでは大王様《だいわうさま》、何卒《なにとぞ》そこを去《さ》つて下《くだ》され、御《ご》蔭《かげ》で私《わたし》に日《ひ》があたりませぬ』

貴方《あなた》は再《ふた》び『待《ま》て』と云《い》はれますか、そして『君《きみ》等《ら》こそヂオゲネスみたいにすねてはいるが、似《に》てもつかぬ頗迷固陋《すこぶめいころう》なメンセヰキーではないか』と云《い》はれますかこれは反《かへ》つて貴方《あなた》が如何《いか》に執拗《じゆよう》に人間《にんげん》を不《ふ》合理《ごふり》なる差別相《さべつさう》の上《うへ》にのみ見《み》るかの証言《せうげん》です。現代《げんだい》社会《しやくわい》の不合理《ふごふり》なる差別相《さべつさう》を撤廃《てつぱい》するに当《あた》つて、それを構成《こうせい》するものが卑下《ひげ》と賤視《せんし》の感情《かんじやう》である以上《いじやう》、吾《われ》等《ら》卑下《ひげ》の体験者《たいけんしや》の執《と》る可《べ》き当面《たうめん》の合理的方法《ごふりてきはうはふ》は卑下《ひげ》の感情《かんじやう》を矯《たゞ》す可《べ》く努力《どりよく》する事《こと》の他《ほか》にない。然《しか》るに、若《も》しこ丶に他人《たにん》を賤視《せんし》し侮辱《ぶじよく》するに慣《なれ》ている暴君《ばうくん》があつて、卑下者《ひげしや》に対《たい》して卑下《ひげ》をとり去《さ》る事《こと》を命令《めいれい》し強要《ごうえう》したとすれば何《ど》うであらう、それは実《じつ》に木《き》によりて魚《うを》を求《もと》めよと強要《きやうえう》する事以上《こといじやう》の無法《むはふ》である。そこで貴方《あなた》が「(ママ)人格《じんかく》の価値《かち》と尊厳《そんげん》とは世界同胞《せかいどうほう》の生活《せいくわつ》に於《おい》てのみ眞《しん》に實現可能《じつげんかのう》である、これ私《わたし》が階級意識《かいきふいしき》を超越《ていえつ》した個性《こせい》の解放《かいはう》を叫《さけ》んでいる所以《ゆゑん》である』御《お》説《せつ》の通《とを》りです。しかしながら敬愛《けいあい》するホタリ、ペトロヰツチ、私共《わたしども》も『個人的又《こじんてきまた》は精々《せい〱》部族的《ぶぞくてき》な愛《あい》によつてのみではなく、ワンネスの認識《にんしき》によつて行為《かうゐ》にまで導《みちび》かれている』ものです。たゞそれが、貴方《あなた》にそうで無《な》い様《やう》に見《み》えるなれば『今生《こんせう》にいかにいとしふびんと思《おも》へども、存知《ぞんじ》の如《ごと》くたすけ難《かた》ければこの慈悶始終《じもんししう》なし』です『しかれば念仏申《ねんぶつもう》すのみ』で水《すい》平運動《へいうんどう》が往生《おうぜう》の素懐《そくわい》を遂《と》げるよき日《ひ》を待《ま》つより他《ほか》は無《な》いこれ吾々《われ〱》がツエノーの思惟《しい》を超越《てうえつ》したる生活事《せいくわつじ》実《じつ》を叫《さけ》んでいる所以《ゆゑん》であり、特種部落民《とくしゆぶらくみん》なる名称《めいしよう》が賤視的観念《せんしてきくわんねん》より乖離《くわいり》するであらうよき日《ひ》を待《ま》つ所以《ゆゑん》である。

あとがき

全国水平社創立時期に書かれた西光万吉や平野小剣をはじめとする創立者たちの文章を手がかりに、水平社宣言に込められた理念や思想、あるいはその世界観を読み解こうと試みてきました。ですが、全国水平社創立者たちが描いていたそれは想像以上に壮大で、数えきれないほどのパズルのピースを手元に残してしまいました。パズルを完成させるには、水平社宣言と仏教およびキリスト教との関連のさらなる研究や、「人間は尊敬す可きものだ」に登場する多数の人物の特定や分析に取り組む必要があるでしょう。特にドストエフスキーを読み込むことが求められるでしょうが、私の能力を大幅に超える難題です。謎解きの続きは、そうした分野を専門とされる研究者に委ねたいと思います。

全国水平社の創立者たちが思い描いていた世界観、そのすべてを書き尽くすことはできませんでしたが、本書を読み終えたみなさんには、ここでもう一度全国水平社創立大会で採択された「綱領」「宣言」「決議」を読んでみていただきたいと思います。きっと新たな魅力に気づくはずです。

水平社創立の理念は決して過去のものではなく、この先の未来を生きる人たちの財産でもあり、日本が世界に誇れる財産だと思います。ぜひ水平社博物館でその理念に触れてみてください。また水平社創立の理念は人権教育には最適の教材と思います。水平社博物館での子どもたちの学びが、「よき日」を実現する未来につながると信じています。

読書は苦手、ましてや文章を書くことなどもってのほかで、作文すらままならなかった私が本を出版することになるとは夢にも思いませんでした。水平社博物館を運営する公益財団法人奈良人権文化財団の川口正志理事長が、私を博物館の学芸員として迎え入れてくださったことから、このような機会にも恵まれました。心から感謝申し上げます。

学生時代に水平社歴史館(一九九八年開館、一九九九年に水平社博物館に名称変更)の建設にかかわるアルバイトを始めたころから、あたたかく寛容な大人たちに囲まれ、私は多くのことを学ばせていただきました。下之庄歴史研究会の代表だった上野茂さんをはじめ、朝治武さん、池田士郎さん、金井英樹さん、喜多紘一さん、辻本正教さん、土岸喬慶さん、吉田栄治郎さん、故人となられましたが、小坂正一さん、植村寛さん。水平社博物館研究員の井岡康時さん、奥本武裕さん、手島一雄さん。朗らかな笑顔で相談にのってくださる米田哲夫さん。いつも心強い声援をくださる弁護士の内橋裕和さん。ありがとうございます。

また、本書の出版を提起してくださった解放出版社の田中忠行さん、編集を担当してくださった一文字工房の松原圭さん、また丁寧な校正をしてくださった松原瑞帆さん、装丁をしていただいた上野かおるさん。素敵な本に仕上げていただき、ありがとうございます。

本書を出版するにあたって、朝治武さん、奥本武裕さん、前川修さんには貴重なご意見をいただきました。ありがとうございます。水平社博物館職員の川口泉さん、佐々木健太郎さん、杢井直美さん、中川明日香さんには、執筆の時間を与えてくれたことに感謝しています。手渡せないことが悔やまれますが、水平社博物館のリニューアルに心血を注いでくださった寺澤亮一さんの墓前にも、本書を捧げたいと思います。お名前を記せなかった方々も数多くいらっしゃいますが、私にかかわっていただいたみなさまに、感謝を申し上げます。

そしてなにより、下之庄歴史研究会へのお誘いをはじめ、本書の執筆にも助言いただき、公私ともにお世話になるとともに、多くのことを教わり、学ばせていただいた守安敏司さんに、また守安豊子さんに心から感謝申し上げます。お二人の存在があったからこそ、いまの私があります。ありがとうございます。

最後に、本書の出版が決まったことを最も喜び、家事は放念しても大丈夫よと言わんばかりに執筆に専念させてくれ、そのうえあたたかいお茶まで淹れて一息つかせてくれた妻純子に、この場を借りて感謝を伝えたいと思います。いつもありがとう。そして、これからもよろしく。

タイトルの待宵《まつよい》とは、訪れて来るはずの人を待っている宵という意味です。

水平社宣言を左手に、明日こそ「よき日」と信じて。

二〇二四年三月三日

駒井忠之

著者紹介

駒井忠之（こまい・ただゆき）

1972年奈良県御所市生まれ。1998年から水平社博物館学芸員。2004年から神戸女学院大学講師（人権論）。2015年から水平社博物館館長。

写真出典

口絵 p.1　荊冠旗（全国水平社総本部）／部落解放同盟中央本部所蔵
口絵 p.2　全国水平社創立大会で採択された「綱領」「宣言」「則」「決議」（1922年）／京都市崇仁自治連合会所蔵、柳原銀行記念資料館保管

下記の写真の出典は、水平社博物館

口絵 p.1　全国水平社の創立者たち
口絵 p.2　創立大会が開催された京都市公会堂
p.22　水平社創立の中心となった燕会の人たち
p.32　山田孝野次郎
p.37　「全国水平社連盟本部日誌」（1922年）
p.45　「第3回全国水平社大会協議会提出議案」（1924年）
p.68　水平社創立趣意書『よき日の為めに』（1922年2月）
p.74　チラシ「全国水平社創立大会へ!!」（1922年）
p.81　西光万吉「人間は尊敬す可きものだ」（『水平』第1巻第2号、1922年11月）
p.103　『水平』第1巻第1号（水平出版部、1922年7月）

待宵の水平社宣言

2024年6月15日　初版第1刷発行

著　者　**駒井忠之**
発　行　株式会社 **解放出版社**
大阪市港区波除4-1-37 HRCビル3階 〒552-0001
電話 06-6581-8542　FAX 06-6581-8552
東京事務所
東京都文京区本郷1-28-36 鳳明ビル102A 〒113-0033
電話 03-5213-4771　FAX 03-5123-4777
郵便振替 00900-4-75417　HP https://www.kaihou-s.com/
装　丁　上野かおる
印　刷　萩原印刷株式会社

ISBN978-4-7592-4132-7　NDC210　220P　21cm
定価はカバーに表示しています。落丁・乱丁はおとりかえいたします。

障害などの理由で印刷媒体による本書のご利用が困難な方へ

本書の内容を、点訳データ、音読データ、拡大写本データなどに複製することを認めます。ただし、営利を目的とする場合はこのかぎりではありません。

また、本書をご購入いただいた方のうち、障害などのために本書を読めない方に、テキストデータを提供いたします。

ご希望の方は、下記のテキストデータ引換券（コピー不可）を同封し、住所、氏名、メールアドレス、電話番号をご記入のうえ、下記までお申し込みください。メールの添付ファイルでテキストデータを送ります。

なお、データはテキストのみで、写真などは含まれません。

第三者への貸与、配信、ネット上での公開などは著作権法で禁止されていますのでご留意をお願いいたします。

あて先
〒552-0001 大阪市港区波除4-1-37 HRCビル3F 解放出版社
『待宵の水平社宣言』テキストデータ係

テキストデータ引換券
『待宵の水平社宣言』
4132